帝国的智囊团

大汉名相

浩 文／著

中国华侨出版社

总序

居庙堂之高则忧其民；处江湖之远则忧其君。是进亦忧，退亦忧。然则何时而乐耶？其必曰"先天下之忧而忧，后天下之乐而乐"乎？噫！微斯人，吾谁与归？

这是宋代范仲淹在他的代表作《岳阳楼记》中留下的千古名句。一段话道尽了自己身为庙堂之臣的心路历程。事实上，这也是历史上这群被称作宰相的人所处的尴尬位置，和他们当中的杰出者的崇高志向的真实写照。

宰相可以说是古往今来最令人为难的职务。虽然历朝历代称呼不同，秦、汉、唐都习惯叫丞相，宋代叫参知政事，明代叫内阁首辅，清代叫军机大臣，但其职权范围却变化很小。我们可以用"总理政务，调和阴阳"这八个字来概括其职权范围。

何谓"总理政务，调和阴阳"？"总理政务"指的是宰相的日常工作。皇帝身为一国之君，在国事上可以抓大放小，但宰相身为百官之首，在国事上却必须事无巨细。全国大大小小的事务由各部门统一汇总到宰相那里，宰相再选择其中最重要的部分呈递给皇帝御览，这是中国自古以来最基本的行政流程。

"调和阴阳"指的则是宰相在国家机器当中所扮演的角色。事实上，宰相向来都是皇帝与百官之间的枢纽。在皇帝眼中，宰相是百官之首，是百官的代言人；而在百官眼中，宰相却是皇帝的助理，是皇帝的代言人。因此，身为宰相，就必须懂得如何调和阴阳，平衡皇帝与百官之间的关系。

这两点既是宰相的职责，同样也成了宰相难做的原因。总理政务让宰相庶务缠身，一刻不得清闲；调和阴阳又使得宰相劳心劳力，时时在皇帝与百官之间斡旋。由此可见，国之宰辅一方面位高权重，于运筹帷幄之间决定整个国家的兴衰荣辱；另一方面却又不得不忧谗畏讥，小心翼翼，否则这一刻还"居庙堂之高"，下一刻便会被流放，"处江湖之远"。

正是由于宰相这个职位的特殊性，使得宰相这个群体拥有了别样的精彩，这也正是本套丛书成书的原因。身为个人奋斗所能达到的最顶点，身为国家政策的制定和执行者，我们可以在历代的宰相们身上看到个人奋斗与王朝兴衰之间那千丝万缕的联系。

由此，本套丛书选取了秦、西汉、唐、北宋、明、清这6个最有延续性也最具代表性的朝代，每个朝代选取数位名相。透过他们的个人经历，我们可以清晰地看到一个王朝的发展脉络，看到这个王朝究竟因何而兴、为何而衰。

以史为鉴，可以知兴替；以人为鉴，可以明得失。古之名相，无不是人中之杰，今之人可以此为鉴。

目录
Contents

第一篇　萧何——万世之功

第一章　失落的帝国　003
有思想的小吏　004
英雄不问出处　008
天下苦秦久矣　014
帝国崩塌　020
图书的重要性　025

第二章　楚河汉界　030
封闭的汉中　030
月下追韩信　035
暗度陈仓　042

目录
Contents

经略关中	047
平民天子	052
争功	057

第三章　治世贤相　061
　　兴建长安城　061
　　以法治国　066
　　成也萧何，败也萧何　070
　　功臣的悲哀　075
　　国之根基　079
　　萧何的追随者　084

第二篇　周勃、周亚夫——父子为相

第一章　绛侯周勃　091
　　将相无种　092

	残酷的女人	097
	诸吕的末日	101
	安刘之功	106
	功臣遭打压	110

第二章　条侯亚夫　117
　　女神相的谶言　　117
　　这样的军队才强大　120
　　景帝削藩　　　　124
　　结盟　　　　　　129
　　忠臣也得死　　　133
　　三月平叛　　　　139

第三章　功臣的宿命　144
　　金屋藏娇　　　　144
　　耿直的周亚夫　　148
　　以死明志　　　　152

目录
Contents

第三篇 霍光——正直的权臣

第一章　新贵的崛起　　159
所谓外戚　　159
谁如霍去病　　163
霍光入长安　　169
巫蛊之祸　　174
太子之争　　180
顾命大臣　　185

第二章　少年天子　　189
飘摇的国家　　189
金氏受封　　197
册立皇后　　202
假太子　　207
盐铁之争　　211

第三章	辅佐昭帝	217
	坚贞的苏武	217
	上官安封侯	228
	反目成仇	232
	平定外患	237

第四章	伊霍废立	242
	昭帝驾崩	242
	可立便可废	246
	武帝曾皇孙	250
	权臣落幕	254

第一篇
萧何——万世之功

从地方小吏到帝国宰辅，在萧何的血液里，有一种叫"理想"的东西在流动。

在一个王者后代永远为王、三公后代永远是贵族的世界里，卑微换来的永远是卑微，勇气才能赢得胜利和别人的尊敬。萧何不是跪拜的人群中最先站起来的人，但却是站到最后的人。萧何经历的是一个有关反抗的故事，同样是一个有关宿命的故事。当困苦袭来，神仙和皇帝都不足依靠时，能依靠的就只有自己。

终于站到了人生巅峰，然而抬眼望去，山峦重重。直到此时他才知道，所谓的成功只不过是刚刚开始。建设一个帝国比创造一个帝国要难得多。后世人永远只愿意去看功劳簿，而不愿去翻看成功者艰辛的时刻。

第一章
失落的帝国

秦朝的强大是空前的,凭借高质量的兵器和先进的制度,其他的国家接二连三地被其吞并。然而就是这样一个帝国,却在最强大的时候分崩离析,令人无限唏嘘。

封建制改革让秦国能够集中全国的力量完成以往不可能完成的事,然而,当帝国的统治者昏庸无道的时候,人民则成为最直接的受害者。国家的兴盛与否,人民生活的和谐与否全部系于一人之身。

强大的秦王朝无能的第二任统治者,将国家带向了毁灭。人们为了生存,用自己的生命做筹码,进行了一场豪赌。输的一方挫骨扬灰,赢的一方封王拜相。秦王朝输了,萧何赢了。

有思想的小吏

秦始皇横扫六合，威震八方，但是他建立的帝国更像是一座空中楼阁。秦帝国的一个普通农民，在一个名叫大泽的乡村，举起手中的木棍，喊了一声："王侯将相，宁有种乎！"于是顷刻之间，帝国坍塌、社稷覆灭。陈胜王的呼喊被完美地实践，在秦汉的王朝更迭中，普通人第一次尝到了封王拜相的滋味。大汉王朝之中，多数开国元勋不过是普通人。汉高祖刘邦农民出身，而被汉高祖称为"开国首功"的萧何也不过是一个小吏。

萧何的出生时间史书上没有明确记载，我们不得而知，他去世于公元前193年，泗水郡沛县丰邑人。秦朝沛县在今天徐州市西北、江苏与山东交界的地方。战国时代，沛地属于宋国边陲，南面与楚国相邻，东面和齐鲁相邻，西面又与韩国、魏国距离很近。宋国处于大国的包围中，常常成为大国争霸的战场，沛地更是兵家必争之地，连年征战。沛地人对战争不陌生，所以不惧怕战争，他们能更清楚地认识到战争的作用。此地百姓迁移流动频繁，虽然生活困苦，但是在频繁接触各国的过程中增长了见识。后来楚国占领了沛地，因此沛地深受楚文化的影响。秦国消灭楚国之后，沛地被纳入其版图，并依照郡县制的原则在沛地设立县制。

周王朝时期，天下实行土地分封制，天子将土地分封给诸侯，诸侯将土地分封给大夫，大夫再将土地分封给士人，拥有封地的人需要向上级缴纳一定的供奉，并肩负护卫上级的职责。分封制是周王朝的根本制度，而秦国则使用郡县制代替分封制。土地制度的改革可以看作从奴隶社会到封建社会的标志之一，拥有封地的贵族势力被削弱，而拥有土地的土地主和农民则逐渐开始掌权。

秦始皇统一天下后，不再将土地分封给有功的大臣，而是将天下分为三十六郡，郡下设县或道，县下设乡，由中央王朝直接任命官员管理。郡是中央政府直接管理的行政单位，设立郡守、郡尉和郡监，郡守下设郡丞作为郡守的副职。郡守负责行政工作，郡尉负责军事，郡监负责监督监察工作，这套郡级行政制度是和中央丞相、太尉、御史大夫三公制相对应的。

郡下划分大小不等的区域为县，县不对中央政府负责，而是对郡级长官负责，是相对独立的环节。县最高的长官是县令，负责全县的政务，向郡守负责。辅佐县令的是县丞和县尉，县丞负责司法和政务，县尉则负责缉捕盗贼等职责。丞和尉被称为长吏，斗食、佐吏这种更低一级的官吏被称为少吏。县更下一级设立乡、里和亭。乡、里是行政机构，亭则是治安组织。每亭相隔十里，遍布城乡，主要负责治安和缉捕盗贼。

当时秦国的制度是没有军功不得受爵，而拥有爵位后就能担任各级官吏了。但是有军功的毕竟是少数，况且有军功也不代表有行政能力，如果不能通过考核一样不能长久担任官职。所以，一些有财富并且有一定文化的人通过考核就能担任官吏了。

萧何的家庭背景我们不得而知,但应该在当地拥有一定的财富和地位,这是成为官吏的基本条件之一。《汉书》中说他"以文毋害为沛主吏掾",萧何的文化水平比较高,非常熟悉政令,并且行政能力非常强。"主吏掾"相当于县长秘书的角色,应该算是"长吏"了。能够被任命担任主吏掾无疑是对他的肯定,同时也说明他必定深受县令信任。

以萧何的能力,担任主吏掾的职务是绰绰有余的,他曾有机会获得更高的职位。

泗水郡郡监御史曾经在沛县任职,见萧何文笔流畅,处理政务有条不紊,便举荐他担任更重要的官职。萧何曾经在泗水郡任职一段时间,协助郡守和郡监御史处理一些日常政务。在此期间,萧何的行政能力得到了发挥,他的谨慎、博学获得了同僚的一致好评。于是,郡监御史打算将萧何举荐给朝廷,让他到咸阳任职。

然而,这次萧何却坚辞不受。并非他不想担任更大的官职,而是他已经看到,这个国家虽然表面上强大无比,但其实已经到了崩溃的边缘。

秦国统一天下后,实行了一系列高压统治的政策。首先将天下所有兵器全部收集起来运到咸阳。这些兵器全部被融化掉,铸造了12个巨大的铜人。这就让天下无兵器可用,即便有愤怒的民众,也掀不起波澜。

秦朝建立后,朝廷内部又掀起了一场师古还是师今的争论。当时,诸子百家仍然活跃在政治舞台上,他们的学术思想干扰了秦国的统治。他们并不认同秦国的制度,于是便千方百计地恢复周朝的分封制。这些做法引起了法家学者和秦始皇的不满，因此引发了大规模的焚书运动。文化上的高压政策，似乎对维持统治有利，事实却是加速了政权的灭亡。读书人敢怒不敢言，但是已经和秦朝的统治者离心离德了。

人民感受最深的是沉重的徭役负担，男子17岁就要"傅籍"成为需要肩负徭役的人。他们每年要为县或郡承担一个月的徭役，其中一半是土木工程或其他劳力，这种徭役是"更卒"。在他们的一生中，还要为国家服一年"兵役"和一年"力役"，合计两年。兵役就是成为军人，为国家出战或戍守边关；力役则是修筑宫殿和长城。这只是法律规定的时间，而秦朝大规模地兴兵和修建宫殿长城，则需要大量的徭役人口，正常徭役不能满足之后，就会千方百计增加人民的徭役负担。百姓被征发徭役，就像上刑场赴死一样，死亡率达到了十之七八。徭役制度惹得天怒人怨，人们已经受够了秦朝的暴政。

萧何虽然只是一名基层官员，但是却对这个国家的现状看得非常清楚。他知道秦朝的统治不可能长远下去了，所以不能在咸阳担任官职。一旦天下生乱，沛县的地理优越性就能展现出来了。

英雄不问出处

萧何的政治眼光独到,在识人、认人方面也独具慧眼。他和人相交不在乎其身份地位,只看重其能力、人品。他的朋友中有沛县狱掾曹参,另外还有在沛府养马驾车的夏侯婴、屠夫樊哙、平民周勃、亭长刘邦等。萧何和曹参是长吏,夏侯婴和刘邦是少吏,樊哙和周勃是穷苦大众中流氓式的人物。

刘邦这个人在当时可以算得上奇葩了,虽然他出身低微,不事劳作,但却总能左右逢源。帝王出生总要有种种异象,刘邦出生时也不例外。据说他的母亲有一天因事外出,要走很长的路,感觉有些累了,就靠在湖边的一棵大柳树上睡着了。刘母梦到一个神人和她交媾,后面的事情就不知道了。

刘邦的父亲刘公见刘母很久没回家,便沿途去找刘母。此时天气没有一点变化,但是刘公却看见刘母周围云雾缭绕,其间更是电闪雷鸣,好像还有一条龙在里面翻腾。过了一会儿,云雾消散,刘公赶紧跑到刘母身边。此时刘母还在睡觉,他叫醒刘母后,问起刚才的情况。刘母只说梦到了一个神人,其他事情都不知道。刘公听后暗暗心惊,只好带着刘母回到家中。

不久,刘母就发现自己怀孕了。怀胎十月,生下了一个健康的男孩。这个孩子鼻子很高,长得很像龙,左腿上有72颗黑痣,贫苦人家生得麟儿自然是万分欢喜。

刘母之事虽然载于正史,但这是不可能的。无非是想表达天命所归、君权神授的意思。当然,也有可能刘邦不是刘氏后代,而是他的母亲外遇后生下的。

刘邦本名刘季,他在家中排行最小,所以称为"季",和李老二、刘老三之类的称呼没什么分别。刘邦称帝之后,觉得这名字实在不雅,才将刘季改为刘邦。

长大后的刘邦聪明伶俐,胸襟开阔,宽厚仁爱,什么事都不放在心上。可是刘邦不爱干活,这让家里人非常无奈。他每天除了吃饭、睡觉,就是在大街上溜达。虽然他的哥哥们不以为意,但是两个嫂嫂慢慢就不愿意了。刘公也觉得这样不是办法,索性让3个孩子分家。刘邦仍旧不在乎,饿了就到哥哥家吃饭,虽然嫂嫂不太愿意,但是碍于情面也不好说什么。

不久,刘邦的大哥去世了。大嫂拖儿带女,生活着实不易。刘邦也不管人家嫌弃与否,仍旧每天去大嫂家吃饭。有一次,刘邦呼朋唤友到大嫂家吃饭,大嫂想到自己孤儿寡母本来就不容易,还要管小叔子的朋友们吃饭,不禁落下泪来。她见刘邦来后,故意刷锅洗碗弄出响声,意思是我家已经吃完饭了。刘邦看到墙角还有不少饭菜,也明白怎么回事,长叹一声便离开了。刘邦称帝之后,封大哥的儿子为羹颉侯,"羹颉"的意思就是没有饭了。

虽然好吃懒做,但刘邦的一句话却让萧何震惊不已。有一次,刘邦到咸阳服徭役,有幸见到始皇出巡,他看着威风八面的秦始皇,不禁叹了一口气说道："大丈夫生当如此！"这句话充满了羡慕的口吻，可能很多人说过，但是能将之变成现实的却只有刘邦。

刘邦虽然生性豁达，放荡不羁，却经常表现出豪侠仗义的气概，这也是很多人喜欢和他交朋友的原因。萧何非常赏识刘邦，决定给他安排个职位，于是便推荐他当泗水亭的亭长，没过多久刘邦就通过了考核，正式上任。

亭长的级别相当于现在的村长，负责10里之内的事务，如治安警卫、缉捕盗贼、治理民事，等等。工作完成得好是其义务，出现纰漏就是亭长的责任了。

虽然事务繁多，但是亭长是没有薪资的，只是拨给一块田地，由官府派人耕种，收成如何，只能看上天的意思。若有事外出或需要花销，就要向县中长吏要钱，每名长吏要给300钱。一个没有什么地位的亭长向长吏要钱，其难度可想而知。刘邦在当地还算有些名声，倒也没有什么人为难他，他每次向长吏要钱，都能要到手。萧何知道他生活艰难，每次都多给他200钱，这份情意刘邦一直记在心里。

刘邦能够被吕公赏识，娶到他的女儿吕雉，与萧何也有一定的关系。

萧何深受县令的信任，大小事务都交代给他处理。县令的好友吕公为躲避仇家从单父县来到了沛县，县令非常高兴，决定邀请县里的豪门为吕公接风，便命令萧何筹备宴席。吕公名父，字叔平，家里有些财产，会看相，热衷于结交豪杰。他有个非常漂亮的女儿吕雉，认为她一定能嫁个好人家。沛县县令对吕雉素来有好感，之所以隆重为吕公接风，也有讨好吕公，让吕公将吕雉许配给自己的意思。

县令邀请，并且在府衙设宴，县里面稍有头脸的人物都来了。纵使不认识吕公，也要给县令面子。既然来赴宴，自然就不能空手，礼物礼金是不能少的。

有这种热闹，刘邦是不能错过的。但是他去酒肆喝酒都要赊账，哪有钱送礼呢？即便是有钱，以他的性格也不会轻易拿出给县令当贺礼。刘邦来到府衙的时候，宾客已经到了大半。宾客们少的礼金数十钱，多的上千钱。萧何对宾客们说："礼金不足一千钱的，请坐在堂下。"

刘邦见是萧何负责宴会，便计上心来，他对负责统计礼金的门房说道："泗水亭长刘季贺万钱。"门房听到后大吃一惊，高声喊道："泗水亭长刘季贺万钱。"萧何听到后，知道刘邦根本没有钱，纯粹是来骗吃骗喝的，但是这时刘邦已经被门房带到堂上了。

吕公会相面，见到刘邦的相貌后，更加看重，便起身到门口去迎接刘邦，邀请他坐在上座。萧何担心刘邦被识破后下不来台，便走过来对吕公说："刘季这人好说大话，很少说到做到。"这样说不但提醒了吕公，也是为刘邦找到个台阶下。刘邦却不以为意，大大方方地坐在了上座，喝酒吃肉，泰然自若。

宴席中，吕公和刘邦交谈甚欢。虽然刘邦一直在吹牛，吕公也从他的话里猜测到了他的真实情况。但令人意想不到的是，宴席结束后，吕公马上对刘邦说："我从小就喜欢为人看相，看的面相非常多，没有谁的面相比你的更好了，我打算把女儿吕雉许配给你。"

刘邦这时候已经40岁了，好吃懒做的名声在外，没有哪家愿意将女儿嫁给他，能够娶到吕公的女儿自然非常高兴。刘邦的父母也一直为这件事操心，得知有人肯将女儿嫁给儿子，两老简直乐得合不拢嘴。

吕公的老婆知道丈夫将如花似玉的女儿许配给了乡下一个40岁的流氓，又哭又闹，对吕公说："你说这个女儿以后会嫁给贵人，沛县县令多次想要娶吕雉，你都不答应，怎么就让女儿嫁给刘季呢？"吕公坚定地对老婆说："这事不是你能知道的。"执意将吕雉嫁给了刘邦。

如果不是萧何担任宴会的主事人，即便刘邦到了堂上也会被轰出去。从这个角度看，刘邦能够娶到吕雉和萧何是有一定关系的。

吕雉虽然不是美若天仙，但也是五官端正的妙龄少女，又是大户人家出身，彬彬有礼、举止有度，刘邦能娶到这样的女子为妻简直睡觉都要笑醒。吕雉丝毫没有觉得自己受委屈，无论是家里还是家外的事，都处理得井井有条。刘邦从不劳作，所以田地里的活也由吕雉来做，并且做得很好。

婚后，吕雉为刘邦生了个女儿，也就是后来的鲁元公主。又过了一年多，她又为刘邦生了个儿子，取名刘盈，也就是日后的孝惠皇帝。吕雉每天带着儿子、女儿到田地里干活，刘邦则安心当自己的亭长。虽然很辛苦，但吕雉也知道嫁鸡随鸡，从没有怨言，因此刘邦对妻子也是疼爱有加。

有一天，吕雉带着两个孩子在田里干活，一个老人慢慢走了过来。老人向吕雉讨要口吃的。虽然不认识这个老人，但吕雉仍然恭敬地送给老人一些食物和水。

老人吃饱喝足后，看了看吕雉说："我会看相，夫人的相貌，定是天下的贵人。"吕雉听到很高兴，希望老人给自己的两个孩子看相。老人看了看刘盈说："夫人之所以是贵人就因为这个孩子。"又看了看鲁元公主说："这个女娃也是贵人呀！"

老人走后，刘邦到田里来找妻子。吕雉便将老人的话和他说了一遍，刘邦问："那老人走远了吗？"吕雉说："刚走一会儿，还没走远。"

刘邦赶紧按照吕雉指的方向去追那个老人。刘邦见到老人行礼道："刚刚您给我妻子儿女看相，都是大富大贵，您看我的面相如何呢？"老人说："您妻子和儿女之所以大富大贵，都是因为您呀！"刘邦再次行礼道："如果真像您说的那样，我一定不会忘记您的恩德。"

此时的刘邦还只是一个特立独行的泗水亭长，萧何也只是个县之长吏，曹参还在看管监狱，夏侯婴还在喂马，樊哙还在杀狗，用不了多久，一场狂风骤雨就要席卷而来。沛县人按部就班地过着自己的日子，但这只不过是风雨前的平静。

天下苦秦久矣

公元前210年，千古一帝秦始皇死在了第5次东巡途中，他的小儿子胡亥在赵高和李斯的帮助下登上帝位，成为秦二世。胡亥为了获得帝位，大肆屠杀异己，无数皇子、将军的头颅离开了身体。这场宫廷政变影响了整个天下，咸阳城中的血雨腥风很快就吹到了遥远的沛县。

秦二世从没想过自己能够当上皇帝，他也没有足够的才能支撑这个亘古以来最庞大帝国的运转。秦朝朝政被赵高和李斯把持，而秦二世只不过是一个傀儡皇帝罢了。这个傀儡皇帝不懂治国，却用手中的权力大肆修建宫殿，营造骊山陵寝。修建这些庞大的工程需要数量庞大的劳动力，因此，人民被迫接受规定之外的徭役，甚至只要犯一点小错就要株连全家，刑罚就是去修筑土木工程。

公元前209年，二世皇帝又发布命令，征召徭役。这道命令在短时间内下达到全国各郡县，沛县同样收到了这份命令。朝廷命令沛县征召一定数量的徭役，赶赴骊山修筑始皇陵寝。萧何看着这份命令暗自叹息，上面一纸书，下面就不知道有多少大好男儿流血流泪。但是又不能不派人去，民众们不敢不去，否则等待你的就是全家株连。

这次带领徭役队伍的任务落到了刘邦的头上。作为亭长的刘邦，虽然是最低级的官吏，但依然是公职员，且服过徭役，对一整套流程很熟悉。虽然不是出征,但是比出征还要凶险。若是参加战争,还能有获得军功的机会,但若在修筑工程中死去,就只是被随便一埋,连个坟头都没有,更别说什么墓碑了。斯人一去,或许永远不会归来。

刘邦带领的这批人并不是十恶不赦的囚犯,他们大多是老实巴交的农民。但是再老实的人,意识到自己的生命将要终结的时候,都会有点想法,尤其是这种想法很容易变成现实的时候。从沛县到咸阳,路途遥远,路两边就是崇山峻岭、茂密的森林,只要向森林里一跑,任凭有天大的能耐也找不到。

有第一个跑路的,就有第二个。没几天,刘邦的队伍就只剩下一小半了。按照秦朝的刑法,完不成任务就要杀头。况且即便平安到达咸阳,不被治罪,能够在沉重的徭役中生存下来的也只有十之三四。也就是说,在这群人里,每10个人中只有三四个能回家。活着回家的概率太小,因此,刘邦决定将人都放了,咸阳不去了。

到了丰西泽这个地方,刘邦纵情痛饮,不知不觉就喝醉了。到了夜里,他把捆绑众人的绳索解开说:"你们都走吧,我也要逃走了。"有十几个人不知道能逃到哪里去,就对刘邦说:"我们也不知道能到哪里,从此以后我们就跟着你了,你去哪儿我们就去哪儿。"

刘邦已经喝醉了,他们需要尽快离开这个地方,便令一个人在前面探路。探路的人没走多远,就惊慌地跑了回来,急忙说:"前面有一条数丈长的大蟒蛇挡在了路上,咱们还是换条路走吧。"

这时,刘邦酒劲正在头上,他指着大蛇说:"壮士行路,有什么可怕的。"说完,便抽出随身的宝剑,向前一剑就将蛇斩成两段。大蛇的两节身子向路边翻滚了好一会儿才彻底死去。刘邦带着十几个跟随者走了十几里路，酒性发作，也不管什么地方，倒在路边就睡着了。

后面有人走到大蛇死的地方，见到一个老太太在哭。那人问老太太："你为什么这么伤心呀？"老太太指着死去的大蛇说："我儿子是白帝的儿子，幻化成大蛇在路中间，被赤帝的儿子杀了。"

那个人觉得老太太胡说八道，再想追问时，老人已经不见了。这个人看到刘邦，便将此事的原委向刘邦说了一遍。刘邦暗自欣喜，而跟随他的人也对他更加敬畏了。

秦始皇曾经说："东南有天子的气息。"于是向东巡游，希望压住天子气。刘邦躲于芒砀山泽中，吕雉经常能找到他。刘邦觉得奇怪，就问妻子是怎么找到他的。吕雉说："你的上方有一团云气，所以能找到你。"沛县的人听到这件事后，很多人希望跟随刘邦。

公元前 209 年秋，陈胜、吴广在大泽乡起义。攻下陈地后，陈胜自立为楚王，表示作为楚国的传人，与秦国决裂。随后派遣武臣、张耳、陈馀攻陷了赵地，武臣自立为赵王。很多郡县纷纷杀了长官，响应陈胜起义。

这股反秦浪潮很快就波及了沛县，沛县县令胆战心惊。这样发展下去，自己很可能成为刀下亡魂。为了保护自己，县令决定响应陈胜起义，反抗秦朝。这件事仅凭他一人之力办不成，必然需要当地豪强的配合。于是他便找来了主吏掾萧何与狱掾曹参，想和他们商量。萧何与曹参的家族在当地很有势力，而且萧何正值盛年，办事一丝不苟，因此，县令无论怎么做都需要听取他们的意见。

萧何与曹参刚到县衙，县令顾不得寒暄，关上门，和他们商量陈胜起义的事。县令委婉地说出了自己的想法："陈胜吴广，势力越来越大，很多郡守和县令都被杀了，起义军距离咱们沛县已经很近了，咱们是不是应该早做准备？"

两人对望了一眼，对县令说："秦二世无道，天怒人怨，这才弄得陈胜揭竿而起，豪杰云从。陈胜的势力已经到了沛县的边上，咱们顺应大势，响应陈胜起义，才能自保。"

县令看着他们两个说道："我也是这么想的，咱们应该尽快举起大旗。"

萧何沉默了一会儿道："您是秦的一县之守，深受皇恩。背叛皇帝，率领沛县子弟起义，恐怕他们不会听从。"县令听到这话，顿时慌了神，问道："那该怎么办才好？"

萧何道："您应该将潜逃在外的人征召回来，他们必定对您感恩戴德。拥有了这支数百人的队伍，就没有人敢不遵守您的号令了。到时候登高一呼，沛县子弟必定云集景从。"

在萧何的建议下，县令命令樊哙出城，尽快将刘邦找来。

樊哙虽然是个屠狗之辈，但是为人豪气干云，武力非凡。正因如此，他被吕公相中，娶了吕雉的妹妹为妻。这样一来，樊哙就成了刘邦的亲戚，他必然知道刘邦所在，刘邦也会信任他。

由于可以传播带有神话色彩的传言，此时的刘邦已经带领着数百人成为沛县有名的豪杰。得知陈胜起义称王，他心里也翻腾起了异样的心思，只是找不到合适的机会行事罢了。得知樊哙带来的消息后，刘邦暗自寻思，这是萧何给自己的机会呀！于是他便带领着数百名追随者，跟着樊哙回到了沛县县城。

还没等刘邦回到沛县，县令这时候却反悔了。他想，刘邦名声在外，带领的亡命之徒都是信任刘邦才追随他的，不会听自己的号令，如果他回城杀了自己，可怎么办？县令想到这里，赶紧命人关闭城门，不准任何人出入。他又想到萧何、曹参是刘邦的好友，让自己召回刘邦明明是不安好心。于是他下令控制住萧何、曹参等人，如有意外，就将他们杀了。

县令的心思没能逃过萧何的眼睛，见到事情不对，急忙和曹参逃到了城外。萧何等人马不停蹄地赶到了刘邦的队伍，将县城发生的事告诉了刘邦。萧何对刘邦说："县令关闭了城门，咱们进不了城。攻打县城是行不通的，先不说能不能攻打下来，队伍里的亲戚朋友全在县城里，让他们自相残杀，以后就没人跟随咱们了。"

刘邦道："不如用帛写一封信，绑在箭上，射到城里，让父老杀掉县令，打开城门。"于是刘邦写了一封信，射到了城上，信上写道："天下同苦秦久矣。今父老虽为沛令守，诸侯并起，今屠沛。沛令共诛令，择可立立之，以应诸侯，即室家完。不然，父子俱屠，无为也。"翻译过来就是，天下人已经被秦朝欺压很久了，现在沛县的父老乡亲们虽然为县令守城，但是起义军四起，必然来沛县屠杀。不如杀了县令，选择能力够的人当县令，起义响应诸侯，还能得以保全。如果不这样做，父老都被屠杀了，那时就什么也做不成了。

百姓们看完这封信后，当天夜里就率领着子弟将县令杀了，打开城门，放刘邦一行进城。父老们推举刘邦当县令，刘邦推辞道："如今天下大乱，诸侯四起，如果处置不好，就可能一败涂地。我不是爱惜自己，实在是能力不够，恐怕不能保全父老们。选择县令是件大事，还是选择更高明的人吧！"

于是众人推选萧何、曹参当县令，两人都是文吏，担当首领失败的话就会大祸临头，拒不接受。众人只好对刘邦说："平时就听说您的奇异事迹，是会大富大贵的人。我们占卜后，您是最吉的，就不要推辞了。"刘邦又推辞了数次，萧何也劝他接受职位，刘邦这才答应。

值得一提的是，刘邦并没当沛令，而是自号沛公。县令是秦国的官职，代表着秦国的制度；"公"是楚国的官职，楚国一县长官称为"公"。此时，名义上起义军是为了恢复楚制，所以陈胜号楚王，刘邦响应陈胜，自觉地向楚国制度靠拢。

萧何这时已经成为刘邦的副手，作为县丞帮助刘邦招兵买马。萧何的行政能力得以淋漓尽致地展现，没多久，他就为刘邦征集了3000多沛县子弟。3000子弟的粮饷是一个不小的数目，但萧何总能将复杂的政务处理得井井有条。

在征集士兵的过程中，萧何进一步将刘邦神化，大肆宣传刘邦是赤帝之子的身份，使得沛县父老都认为天下最终会归刘邦所有。这样一来，附近的几个县也都知道了刘邦的大名，一些生活不下去的农民纷纷来投奔刘邦。

帝国崩塌

秦二世二年（前208）年初，陈胜已经占据了大批州县，他命令部将周文率领大军逼近函谷关，攻打秦国都城。周文一边打仗一边吸收破产民众，迅速集结出数十万大军，然而他却没能解决庞大部队的军粮问题。再加上部队内部结构松散，不能被很好地指挥，因此被秦国大将章邯率军打败，陈胜也在战争中被杀，此时距离陈胜起兵只有半年的时间。

最先起义的陈胜兵败时，烽火已经燃烧到了全国。田儋与从弟田荣、田横在齐地起兵，自封为齐王；韩广打下了燕国的领土，自封为燕王；魏咎自立为魏王；楚国大将项燕的后代项梁和项羽也已经从吴地起兵，打下了广阔的领土。

豪杰并起之时，刘邦一群人没有安享太平。在刘邦自立沛公之后，秦泗水郡郡监平（人名）派兵包围了丰邑。丰邑是刘邦的故乡，无论如何都要救援。刘邦率兵将其击溃，命雍齿驻守丰邑，自己则率领部队到了薛地。刘邦的左司马曹无伤杀死了泗水郡守。攻下泗水郡之后，刘邦继续四处与秦军作战。

然而，就在刘邦奋勇作战之时，丰邑守将雍齿却投向了魏国。得知这个消息后，刘邦大怒，率领部队攻打雍齿。雍齿深知若被刘邦打败就只有死路一条，于是便高筑城墙，固守城池。刘邦久攻不下，反而丧失了大量兵力。萧何对刘邦说："久攻不下，且损兵折将，继续僵持下去，并非上策，不如到项梁处借兵，再来攻打。"等到刘邦借来大军，雍齿自知不敌，跑到魏国去了。

在这期间，刘邦部队的内政和粮草全部由萧何负责。战争中最重要的就是保证粮草供应，周文大军的失败，可以说是后勤不力造成的。只有保证后勤，才能在失利的时候从容不迫。从这个角度看，没有萧何，刘邦就不可能在起义中一心带兵打仗。

秦二世二年（前208）六月，项梁在薛城邀请各路起义豪杰召开会议。此时，起义军已经拥有了庞大的势力，但他们却各自为政，难以凝结成一股对抗秦的力量。起义军内部各自攻击，已经造成了不良影响。陈胜在时，天下各路豪杰都以陈胜为首领。他去世之后，就需要再确立了一个首领带领天下起义军。

此时，刘邦在项梁、项羽叔侄帐下，他们认为应该让所有人都信服的人当领袖。从力量上来说，项梁、项羽实力最为强大，但他们并不能很好地控制其他豪杰，所以最终找到了正在放羊的楚怀王的孙子熊心，立他为楚怀王。当时，势力强大的豪杰名义上是归属陈胜王的，都是团结在楚国周围的，熊心是楚王室后代，代表楚国实至名归。

楚怀王熊心虽然只是名义上的"共主"，但是仍然有效地团结了楚国各路豪杰。以"共主"的名义向有功之人封赏爵位，调节各方势力的矛盾，为反秦做出了重大贡献。当然，这一切是建立在项梁、项羽实力强大的基础上的，人们都乐意有这样一个人物统筹安排。项梁、项羽也因楚怀王而变得实力更加强大。苏轼曾就楚怀王说过："项氏之兴业，以立楚怀王孙心。"

此时，刘邦和项梁两方的势力在反秦斗争中越来越强大，两者联手打败了秦国大将章邯，章邯退守濮阳（河南濮阳西南）。刘邦和项羽则西进至雍丘（河南杞县），两人联手打败了秦三川郡守李由，项梁一方威名日盛。持续的胜利固然是好事，但也让项梁渐渐骄傲起来。自满情绪的滋生，是失败的开始。九月，章邯率领秦朝大军在定陶夜袭项梁，大败项梁。项梁也因此被杀。

此时，刘邦和项羽正在陈留（今河南开封东南）与秦军交战。大雨从七月份一直下到了九月份，一些士兵认为这是不祥的征兆。听说项梁战死后，士兵们都非常惊恐，不敢再继续与秦军交战了，只好退守彭城（江苏徐州）。楚怀王也被将军吕臣从盱台带到了彭城。

这时，吕臣部队驻扎在彭城东面，项羽军队驻扎在彭城西，刘邦驻军在砀（河南东部、安徽北部、山东南部一带）。一个月之后，楚怀王令刘邦为砀郡长，封武安侯；令项羽为鲁公，封长安侯；封吕臣为司徒，封其父吕青为令尹。各路起义诸侯遥相呼应，等待时机再继续战斗。

秦国上下已是一片烽烟，秦大将章邯不得不四处征战。在击败项梁并将其杀死后，他认为项梁一方主力已经被击溃，剩下的只是散兵游勇，不足为惧。于是他调转马头，率领秦军北渡黄河进攻赵王赵歇。章邯很快击败了赵歇，将赵歇逼到了巨鹿城（河南平乡县），并下令将巨鹿城重重围困。

赵歇退守巨鹿后，兵少将寡，粮食储备也不足。反观秦军则兵广粮多，赵歇只好向楚怀王求救。

在这种情形下，楚怀王决定西进。他与众将领约定，"先入定关中者王之"。关中是秦国的大本营，非常富饶，众人自然都想成为关中王。但是秦军强大，经常乘胜追击，各路将领都不敢和秦军正面对抗。项羽怨恨秦军杀了项梁，表示愿意率领部队和刘邦一起西进入关。

跟随的一些老将认为项羽西进不合适，他年少气盛，性情急躁，又残酷嗜杀，不能服人，而且可能激起关中人民的对抗，难免身死。攻打秦不应该只靠武力，应该选择一个忠厚长者率领军队入关。沿途禁止军队骚扰百姓，并告诫劝慰当地父老，非万不得已的时候不能杀人。秦地的百姓，也对秦不满很久了，只要派遣义师前去除暴安民，秦地百姓就会带着食物出来迎接。因此，不能派遣项羽西进，而应该单独派遣刘邦。

楚怀王听从意见，没有派项羽西进，而是令宋义为上将军、项羽为次将、范曾为末将，率领主力部队北上救赵。在进入赵地后，宋义畏敌不前，被项羽所杀，自立为上将军，这是后话。

刘邦收拢陈王和项梁剩余的散兵，寻找机会向西进攻汉中。萧何作为刘邦的副手，仍旧负责后勤和粮饷事务，他的压力一点也不小于阵前的将领。

秦二世三年（前207），刘邦率领部队从砀郡出发，向北攻占昌邑，向西攻占离阳（河南杞县西南）。随后在白马（河南滑县西）与秦将杨熊交战，大败秦军。四月，刘邦攻占颍川，派遣张良征战韩地。这时，赵将司马卬想要渡过黄河入关，刘邦北攻平阴（河南孟津县北），截断了黄河渡口。在洛阳与秦军交战失利后，转而南攻阳城（河南方城）。随后攻占南阳（河南南阳），十月，经武关入秦。

赵高见刘邦入关，惊恐之下杀了秦二世，想要和刘邦"分王关中"。刘邦不许，于是赵高便立子婴为秦王。子婴杀掉了赵高，然而却难以改变败亡的命运。十月，刘邦西入咸阳。

子婴听闻刘邦兵入咸阳，顿时束手无策。这时，刘邦派人送来了招降书，子婴见到招降书不由得叹了口气，既然打不过，又守不住，只能投降了。

这一天，子婴驾着素车，乘坐着白马，用带子系颈，表示自己该死，将玉玺、符、节等皇帝用品封存起来，出城迎接刘邦。子婴不得不屈膝而跪，刘邦接受了玉玺等物，秦国宣告灭亡。秦帝国传三世，而子婴只当了46天皇帝。

萧何站在刘邦身后，庄严肃穆。他知道这并不是结束，而是一个新的开始。他开始思考下一步该怎么走了。

图书的重要性

刘邦没有杀掉子婴，而是将他交给下属看管起来，之后，便和众将领进入了魂牵梦绕的咸阳城。刘邦一方多是平民出身，没有享受过奢华的生活。如今到了咸阳，到处都是见所未见的宝物，他们大都趁机打开宝库，搜取金银宝物。只有萧何不为宝物所动，一心系在了秦朝的图书典籍上。

曾经羡慕始皇的平民已经踏入了始皇的宫殿里，刘邦暗道这座宫殿已经属于自己了。庞大的宫殿富丽堂皇，处处可见雕梁画栋、曲榭回廊。秦宫殿里收集了天下之宝，奇珍异宝数不胜数。

就在刘邦将其据为己有的时候，一员武将赶紧向前道："您是想拥有天下？还是想当一个富家翁呢？"

刘邦顿时恼羞成怒，但见来人是樊哙，便不说话了。樊哙是刘邦连襟，跟随刘邦南征北战，忠心耿耿，更是难得的孔武有力，战功赫赫。

樊哙见刘邦沉默不语，继续道："秦国灭亡，就是因为这些奢靡之物。难道您也要沉迷其中吗？"

这时，刘邦的重要谋士张良也劝谏道："秦始皇富有四海，但是昏庸无道。举国兴建宫殿供自己享乐，弄得天怒人怨。如今您顺应百姓和天命推翻了暴秦，天下人都看着您呢。难道就要因为贪图一时的安逸功亏一篑?"

刘邦听了樊哙和张良的话,马上意识到了自己的错误,便命令士兵封闭府库,关闭宫门,率领大军驻军灞上。

灞上就是今天的白鹿原,相传有白鹿在此地出现而得名。这是一片距离咸阳城不远的高地,站在白鹿原上就可以俯望全城。公元前225年,秦始皇在此地为60万楚大军饯行。他不会想到18年后,咸阳城和白鹿原会飘扬起楚军的旗帜。楚国名士楚南公曾经说过:"楚虽三户,亡秦必楚。"这句谶言如今得到了印证。当年楚怀王与秦国交好,但是被秦国所骗,后来又死在了秦国,楚人对秦国的愤慨可见一斑。如今楚人终于报仇雪恨了。

将士们离开咸阳后,萧何却没有跟随刘邦撤出,因为他有更重要的事情要做。萧何虽然是小官吏出身,但是深知在治理国家中图书典籍的重要性。跟随刘邦这几年,萧何全面负责内政,相比从前,眼界更加开阔,也更加成熟了。所以一进城之后,他便直奔丞相府和御史大夫的府邸。

按照秦国的制度,丞相辅佐天子治理天下,统领百官,负责内外一切事务。御史大夫负责全国的监察事务,无论是平民还是官吏都归御史大夫监察考核,并且掌管全国的奏章及政令、法令。他的下属官吏中有专门负责掌管图书的属官——御史中丞。萧何深知,丞相府和御史大夫府拥有全国各地的资料,这是治理国家必不可少的。

萧何命令下属将两府的全部图书收集起来,分门别类地保存好。这批图籍档案,品种多,内容丰富,其中包括律令、礼仪、章程等秦朝的一切规章制度,还有山川地理、种族方志、风土民情方面的资料,也包括秦记、百家语、医药、占卜、农业等遭始皇焚书而幸存下来的档案文书。

萧何是伟大的政治家，其中很重要的一点就体现在他对典籍的保护上。在日后修建未央宫的时候，他也没有忘记修建藏书楼。萧何在未央宫内修建的石渠阁与天禄阁是中国最早的藏书楼，也是设施最完备的皇家图书馆。石渠阁没有用木料，而是全部用石料建造的，阁下用大石块砌成渠沟，导入流水。书籍最怕的就是着火和腐烂，石渠阁的建造方式能够使其免于火灾，其设计通风通气，也能减缓书籍的发霉腐烂，对于保护图籍十分有利。

这批抢救出来的秦国图书就被放在了石渠阁里。萧何在汉初经济十分困难的情况下，花费巨资建石渠阁，既注意了保护图书典籍，又使石渠阁成为第一座专为藏书所建的楼阁，体现出其远见卓识。此后，历代藏书楼在建造时都非常注意防火、防盗和防霉变。石渠阁为后世藏书楼的建设提供了拥有借鉴意义的思路，对明代范氏天一阁、清代文渊阁等的建造影响很大。

有了这批图书，萧何便对天下的政令税收、关塞险要、户口多寡、民风民俗等了若指掌。在楚汉战争中，其对打败项羽夺取天下发挥了重要作用，而且为建立新朝后的治国方略的选择、法律制度的制定、图籍馆阁的修建、官府的藏书建设、史书的纂修、图书的整理奠定了基础。刘邦集团大都是下层平民出身，对治国治兵之道、制度文化建设多不熟悉，这批秦国典籍就成了他们学习的对象和制定政策的依据。

萧何的一生都在与图书典籍相伴，他不仅仅做了保护图书的工程，也是皇家图书馆的奠定者，更为开发利用图书资源做了好榜样。这一举措对后世拥有重要而深远的影响。如果不是萧何对图书典籍的执着，这批秦国图书恐怕早就和咸阳城一起葬送在火海里了。

唐代诗人陆龟蒙在《奉和袭美二游诗·徐诗》中盛赞萧何抢救图书典籍的功劳时写道："汉祖入关日，萧何为政年。尽力取图籍，遂持天下权。"

占领咸阳的刘邦，以为大功告成，便开始为属下封赏。首先封赏的是带兵打仗的将领，封卢绾为长安君，刘交为文信君，樊哙为咸成君，曹参为建成君，灌婴为昌文君，郦食其为广野君，郦商为信成君等。在具体职位上，也做了一些调整。封夏侯婴为太仆，太仆掌管车马，实际上是刘邦的侍从长。樊哙被封为"参乘"，实际上是刘邦的护卫长。在古代，马车中间是驾车人员，一侧是主公，另一侧坐的人就被称作"参乘"。只有主公最信任的人才能享受参乘的待遇。萧何则"监督庶务"，"庶务"就是各种政务，实际上就是要萧何担负起处理各种政务的职责。

在灞上安顿下来之后，刘邦听从萧何的建议，安抚万民。秦朝最大的诟病就是法令严酷，因此应该废除其严酷的法令。于是，刘邦便召集各地父老、豪杰，发布告示，约法三章：

父老苦秦苛法久矣，诽谤者族，偶语者弃市。吾与诸侯约，先入者王之，吾当王关中。与父老约法三章：杀人者死，伤人者刑，及盗抵罪。余悉除去秦法。诸吏人皆案堵如故。凡吾所以来，为父老除害，非有所侵暴，无恐！

翻译过来就是："秦的严酷法令使大家深受其害，批评朝政就要被灭族，偶尔说句不恰当的话就会被处死并在街头曝尸。我曾经和诸侯约定，谁先进入关中，谁就做关中王，所以我就是关中王。如今和父老们约定三件事，杀人偿命，伤人者用刑，盗窃者会受到惩罚。所以，秦的法令全部去除，原来的所有官吏都保留原职，务必像以前一样工作。我之所以来到这里是为父老乡亲们除害的，不是为了侵扰，大家不要惊恐。"

刘邦的约法三章，只是收拾民心之举，是否大规模实行过，史学界仍有争论。但是约法三章之后，人民都非常高兴。而且各级官吏并没有频繁调动，这就使得这批有能力的秦国官吏继续工作，能够减少动乱的产生。

秦国人之所以对祖国深恶痛绝，除了秦国暴政外，和统治者们一再破坏规则秩序有很大关系。秦人对始皇敬仰有加，始皇长子公子扶苏同样在天下拥有很高的名望，人们都期待他的仁厚政策能够施行。然而内臣赵高、丞相李斯却推举始皇幼子胡亥为帝，并杀害公子扶苏、始皇其他子嗣和有功大臣，已经引起了朝野的普遍不满。人们对秦二世皇位的合法性提出质疑，二世皇帝只好用更严苛的法令来控制人民。后来赵高杀害丞相李斯，把持朝政，又弑杀二世皇帝，最终被子婴所杀。实际上，秦国统治者一直在破坏自己确立的规矩，这才导致被人民抛弃。刘邦集团正是看到了这一点，约束部将，以身作则，因此换来了秦人的拥护。

第二章
楚河汉界

项羽不是个政治家，却是个大英雄。秦王朝被推翻后，胜利者站在历史的十字路口。一个方向是恢复周王朝的分封制，重现当年诸侯国并立的局面；另一个方向是秦朝的君主集权、地方施行郡县的制度。萧何一方同样面临着两个选择：一是偏安汉地，享受富贵人生；二是勇往直前，攀登权力的巅峰。

封闭的汉中

刘邦一方虽然接受了子婴投降，并占据了咸阳，但他们并不是当时最强大的武装力量。当时武力最强大的力量是项羽，可以说推翻暴秦功劳最大的就是项羽。但项羽并没有西进，而是北上与秦主力军作战。项羽牵制了秦国大部分军事力量，刘邦才得以乘虚进入关中。

当时提及刘邦，或许只会有少部分人敬仰；而提及项羽，则是无人不动容。刘邦西进之时，楚怀王派遣宋义、项羽等人率领数万人北上救赵，秦大将王离率领20万秦军，围困赵国巨鹿（河北平乡西南），秦大将章邯则率领20万大军屯兵于巨鹿之南。秦军势强，诸侯无人敢与之交战，宋义也畏惧不前。项羽杀掉上将军宋义，自己做上将军，率领数万楚军，渡河之后烧掉船只背水一战。楚军九战九胜，击败王离，消灭了20万秦军。巨鹿之战发生时，各路诸侯在周围安营扎寨，却无人敢与秦军交锋，他们眼看着项羽军队以一当十，击败秦军。项羽召见各路诸侯时，没人敢仰视，纷纷跪爬进项羽军营。

随后，项羽追击章邯，逼得章邯走投无路，只好向项羽投降，秦国主力尽被项羽所灭。面对项羽显赫的功绩，天下诸侯无不对其拜服。收复章邯之后，各诸侯便率军随其西进。史书记载，项羽担心秦降军兵变，在新安城南坑杀了20余万秦降兵，只留下了章邯、长史欣、都尉翳三人。关于"新安坑降"疑点颇多，史学界争论很大。但是不可否认的是，项羽当时功震寰宇。

项羽始终认为接受秦投降的应该是自己，怎么能容忍刘邦捷足先登？因此，他随即攻打函谷关，函谷关很快被攻破。把守函谷关的曹无伤对刘邦不满，在战败之后没有向刘邦报告，反而对项羽说，刘邦想做关中王，想要任用子婴为丞相，并且将咸阳城珍宝据为己有。

攻破函谷关之后，项羽率军驻扎在鸿门，想伺机杀掉刘邦/刘邦意识到封闭函谷关是个错误，遂向项羽解释道："我入关之后，丝毫无所取，已经把人民编造成册，封闭府库，等待将军前来。之所以派人守住函谷关，是担心有人来偷盗。日日夜夜盼望您能早点来，怎么敢背叛您呢？"不久之后，项羽摆下鸿门宴邀请刘邦，席间，项羽的谋士范曾数次想杀掉刘邦，但最终还是被刘邦用计逃脱了。

数日后，项羽引兵屠杀咸阳人，杀掉秦降王子婴，烧毁秦宫殿，大火烧了3个月仍旧不熄灭。有人劝项羽做关中王，但他仍旧想回到故乡。

汉元年（前206）二月，项羽自立为西楚霸王，定都彭城，尊楚怀王为义帝，以西楚霸王的名义分封天下诸侯。

项羽没有想过当皇帝，只想当霸王而已。他不想让刘邦拥汉中之地，谎称巴、蜀也是汉中之地，将其封为汉王，定都南郑（陕西汉中），领地包括巴、蜀和汉中41县。并将汉中之地分成3份，分别封秦降将章邯为雍王、司马欣为塞王、董翳为翟王，号称三秦。三秦实际上是堵住了刘邦东进之路，将其彻底封死在了巴蜀地区。

刘邦得知项羽没有将其封为关中王，大怒道："项羽欺人太甚，竟敢违背盟约，我愿与之决一死战！"

众将领也是愤愤不平，樊哙、灌婴等将领纷纷请缨，要去和项羽军队厮杀。这时候萧何站出来说："万万不可，虽然您不想当汉王，但不比送死好吗？"

刘邦说："难道攻打项羽，就会死掉吗？"

萧何说："现在面临的形势是，我们只有10万人，而项羽却拥有40万大军，两者实力相差甚远。打100次，就会输掉100次。怎么会死不了呢？周书上说'天予不取，反受其咎'。汉中之地被称为

'天汉'，意思是这是块好地方。上古圣人商汤王和周武王都曾屈居人下，而成就了一番功业。臣希望大王您做汉中王，善待人民，任用贤人，养精蓄锐，发展巴、蜀地区，然后占领三秦之地，再进图天下不迟。"

刘邦听了萧何的话，怒气渐渐平息，他也意识到现在不是和项羽交战的好时机。张良也认为此时攻打项羽不是明智之举。刘邦听从萧何的话，待坐稳汉中王之后，再做长远打算。不能被一时的怒气冲昏了头脑，葬送好不容易打下的江山。于是便拜萧何为丞相，让他替自己管理政务。

汉元年（前206）四月，项羽命令各诸侯王就国。项羽只给了刘邦3万人马，幸好自愿跟随刘邦的也有数万人。刘邦率领着数万人马从蚀中（陕西长安南）出发进入汉中。进入汉中需要走一条长长的栈道，栈道是修建在悬崖上的一种道路，用木棍或石条插在悬崖上，上面铺上木板，宽度有限，只能容纳一个人行走。刘邦的队伍就是在这样艰苦的环境下进入了汉中。

为了防止敌人偷袭，更重要的是向项羽表示绝无东归之意，刘邦命人烧毁了栈道。这样，虽然出不去了，但是却能够为自己创造出一段和平发展的时间。刘邦的都城南郑，位于汉中盆地中部，汉水北岸。到达南郑之后，他便开始休养生息，伺机而动。

拥有了稳定的地盘，萧何的行政才能充分发挥开来。政治上继续实行宽松政策，约法三章仍旧有效。同时大力发展经济，为将来的战争储备物资，并为刘邦修建了华美的宫殿。汉地的一切在萧何的治理下，都井井有条。

项羽的所作所为并不只让刘邦不满意，很多诸侯对项羽在分封时任人唯亲也非常不满。项羽将楚怀王封为义帝后，以"古代帝王拥有千里的土地，必须居住在上游"为由，将义帝熊心迁徙到长沙郴县。郴县位置偏远，地瘠民贫，实际上是将义帝发配到偏远地方。由于担心义帝的影响力，他又命人在路上弑杀了义帝。义帝虽然没有领兵打仗，但是居中调停，也是有功的，如今被项羽所弑，自然引起了很多人的不满。

田荣曾经没有救援楚军，导致项梁身死。项羽怨恨田荣，没有将其封为齐王，反而封齐国将领田都为齐王。田荣愤怒之下，杀掉了田都，自立为齐王，起兵反楚。田荣支持陈馀击败了常山王张耳，迫使张耳逃到了汉地。陈馀将原赵王歇迎接到代地，恢复赵王。因此赵王歇立陈馀为代王。由于田荣的所作所为严重触怒了项羽，因此项羽决定北上攻打齐国。

齐国反楚并不是一个孤立的事件，而是表明已经有诸侯不再信奉项羽的权威，这是他的残酷和肆意而为埋下的恶果。

月下追韩信

刘邦在汉中就国,但却面临着一个严重的问题。刘邦的士兵多是山东人,如今暴秦已除,他们日夜想着回到家乡,和妻儿父母过安稳的生活。因此很多士卒偷偷地跑掉了,即便是对抓住的逃跑者以军法处置,也不能阻止士兵们继续逃跑。甚至一个身居要职的官吏也逃跑了,这件事已经成了刘邦一方的隐患。

这一天,刘邦正在和部下说话,突然有士卒来报:

"萧丞相今日骑骏马绝尘而去,已经不知去向。"

闻言,刘邦和众人皆大惊。有人道:"难道萧丞相也逃走了吗?"

刘邦的脸色马上变得非常难看,虽然不太相信自己的丞相会逃走,但是也十分愤怒。刘邦命人赶紧骑快马去追赶萧何。

一连两天,每次军吏来报都是没有萧何的消息,急得刘邦坐卧不安。萧何是刘邦一方中举足轻重的人物,这些年四处征战,筹措粮草,其行政能力无疑是刘邦一方中最强的。如果没有了萧何,那么刘邦军中就没有人能够教化万民,为部队提供足够的后勤支援了。

忽然士卒来报,萧丞相求见,刘邦赶紧请萧何进来。一见到萧何,刘邦的心便踏实了,但是仍然又喜又怒。怒的是萧何不辞而别,喜的当然就是萧何又出现在自己面前了。他抬眼打量萧何,衣服都有些破旧了，尘土几乎完全遮盖了脸，眼睛也不再炯炯有神，一看就是一副非常疲惫的样子。这时他的怒气又小了一些，对萧何骂道："你为什么要背叛我逃走呢？"

萧何听这话，知道刘邦误会自己了，仍然镇定自若地说道："臣不敢逃走，臣是去追逃跑的人了。"

刘邦不解地问："你去追谁呢？"

萧何道："臣去追都尉韩信。"

刘邦听萧何说去追一个小小的都尉，哪能相信他说的话，认为萧何在骗自己，不禁火冒三丈，又骂萧何道："将军都逃跑了十几个了，也没见你去追谁。如今去追小小的韩信，一定是在骗我。"

刘邦听说过韩信这个人，甚至夏侯婴和萧何都数次推荐过这个人。最早发现这个人的不是萧何，而是夏侯婴。

韩信早年仗剑投奔项梁，项梁兵败后转投项羽。但是项羽没有重用他，刘邦进汉中就国的时候，韩信就跟随刘邦来到了汉中。

历经千辛万苦来到汉营之后，韩信没能像当初设想的那样建功立业，他只被安排当了个连敖。这时候汉仍继承楚国的制度，连敖是楚国官名，韩信被指派看管粮草。有一次粮库失火，烧毁了两个粮仓，这在当时算是非常大的失误了，韩信与同伴们罪当斩首。

14个人被绑在军营的空地上，由军中力士挨个砍头。同案的13个人都被砍头了，马上就要轮到韩信。只等监斩官一声令下，韩信就要人头落地，并且很可能挂在营房门口示众，以震慑众人。

这次的监斩官，正是在推翻秦帝国的战争中立下汗马功劳、刘邦的好友滕公夏侯婴。韩信虽然与夏侯婴不相识，但是知道他是大官，反正都要死了，不妨拼死一搏。韩信挺胸，仰视夏侯婴，大声道："汉王不是想获取天下吗？为什么还要斩壮士！"

夏侯婴听到这话不由得一惊，一般士兵根本不识字，见识更是少得可怜，怎么会知道刘邦想要取得天下呢？要知道，雄才大略如项羽都被刘邦骗过了。此人在临死之前，没有精神萎靡，反而仍旧慷慨激昂，再看他长得威武雄壮，好一个大好男儿。这样的人轻易被杀就太可惜了，于是夏侯婴命人解开了韩信的绳索，问道："你为何惊呼？"

韩信道："英雄无用武之地，未成功竟死在自家军营，心中不平。"

夏侯婴假装发怒大喝道："你身为连敖，负责管理粮仓，两个粮仓着火，难道不该军法处置吗？"

韩信道："大丈夫当平定天下，岂能做小小的连敖？"

夏侯婴心想这个人是个壮士，不过恐怕只会吹牛，便戏谑道："你怎么平定天下呀？"

韩信知道自己的机会来了，便将自己的想法毫不保留地说了出来。夏侯婴越听越心惊，很多信息是一个普通士卒根本不可能知道的，很多事情是在开会时听萧何、张良等人讨论才知道的，韩信能知道这么多事情，可见其见识之深。分析完之后，韩信又将自己平定天下的策略和盘托出。

通过此事，夏侯婴意识到韩信是有大才能的，当一个小小的连敖实在是委屈了，便向刘邦推荐了他。刘邦识人无数，但是不太相信一个基层军官能有什么太大的才能，只将其当成一般人看待，任命韩信担任"治粟都尉"。"治粟都尉"负责管理粮饷，比看管仓库的"连敖"级别也高不到哪里去。之所以提拔韩信，还是看在夏侯婴的面子上，毕竟韩信有个不太光彩的过去。韩信曾经受胯下之辱，在项羽阵营中也未有所建树，在抗击暴秦的起义浪潮中也没有太多表现，而且触犯军法没有被处死，这样的人是不符合刘邦的用人标准的。

夏侯婴将韩信引荐给了萧何，萧何与韩信交谈之后，惊为天人。萧何数次向韩信请教问题，都得到了满意的答案。为了让刘邦重用韩信，萧何数次进言，刘邦只是含糊应对，并没有特别的表示，这让萧何、韩信都很失望。

韩信知道萧何非常欣赏他，并且许诺给他担任重要职位的机会。但是一等数月过去了，自己仍旧是个管理后勤的小官，怎不让人气恼？回想起自己的成长经历，不就是为了建功立业，一展胸中抱负吗？当年被恶霸欺凌，甘愿从恶霸胯下钻过，也没有将之杀掉，不是不敢，而是不能为了这样的"小事"断送了自己的前程。既然汉军大营里没有自己发挥才能的机会，不妨投奔他主。主意拿定，当天晚上他便骑上快马，连夜逃出汉营。

有士卒发现韩信不见了，连忙报告给了萧何。萧何闻言，严肃的脸上不由得大惊失色，连忙命人备下快马，亲自上马追韩信。

当时已经是深夜，虽然明月当空，但是仍旧看不清道路，这种情况下纵马狂奔很危险，但是萧何毫不在意。路上空无一人，他也找不到人问路，还好只有一条路，只需向前追即可。

终于在天亮之前见到了一个人影，萧何顾不上疲惫，纵马向前，果然是韩信。萧何大喊："韩将军，请留步！韩将军，请留步！"

韩信见是萧何，两人非常投机，当时萧何已经50多岁了，且贵为丞相，能够纵马追来，足见诚意。萧何对韩信道："韩将军，咱们一见如故,您为什么要不辞而别?"

韩信拱手行礼,掉下眼泪来,悲愤道:"信已经30多岁了,正是大好男儿,原指望施展平生所学,建功立业,谁想到竟无用武之地。既然不能有所建树,留之何意!"

萧何道:"汉王有囊括天下之志,需要将军这样的人才能完成,将军暂且留步,何定让汉王拜您为大将军。"

韩信听了萧何的话,暗想不妨信萧何一次,如果还不被重用,就一走了之。

回到汉营,安顿下韩信,萧何便去面见刘邦。

萧何对刘邦说:"诸将容易得到,即便是逃跑一些也没有关系,但是韩信,可以称为国士无双。大王若只想安稳地做汉王,就不需要重用韩信。如果您想争夺天下,没有韩信就不能成功。"

萧何将刘邦的心里话说出来了,他根本不愿意当汉中王,便恨恨地说道:"我想获得天下,怎么会愿意在这个地方长留呢?"

萧何郑重道:"您想获得天下,重用韩信,他就会留下帮您。如果不能重用,他还会走的。"

刘邦素来知道萧何的为人,从来不妄言妄语,他看重的人不会有问题,便说:"我为了您,封韩信为将军。"

萧何道:"即便是封其为将军,他也不会留下。"

刘邦道:"难道要让其担任大将吗?"

萧何道:"这样他才会留下。"

刘邦道:"你叫他来吧,我封他为大将。"

萧何道:"大王您这是傲慢无礼,拜大将就像呼唤小儿一样,这才是韩信离开的原因。大王想要拜他为大将，就要选择良辰吉日，斋戒沐浴，摆设高台，备好礼仪用具，这样才行。"

刘邦将要拜大将的消息传出后，诸位将军都暗自高兴。他们大都是从沛县就跟随刘邦起义，甚至和刘邦一起长大、有亲戚关系，并且在抗秦战争中攻地拔城，一个个功劳赫赫，每个人都觉得自己会成为大将。

到了拜将的这一天，汉王刘邦沐浴更衣，丞相萧何主持典礼，文武群臣和汉军将士都来到了高台之前。将士们见登上高台的不是熟悉的将领们，而是韩信，所有人都非常吃惊。只有萧何暗自高兴，汉兴之时，指日可待了。

礼节进行完毕之后，韩信坐在了为首的位置。刘邦对韩信道："丞相数次向我提及将军，将军有什么计策可以教导我吗？"这句话暗中带刺，暗示韩信当上大将军不是靠自己，而是靠萧何的举荐，刘邦信任的是萧何而不是韩信。

韩信不以为意道："微臣不敢。请问如今称霸天下的，只有项王吧？"

刘邦道："是的。"

韩信又说："大王您自己看勇敢、彪悍、仁德、疆域，哪样可以和项王相比？"

刘邦沉思良久，叹了口气说道："这些我都不如项王。"

韩信向刘邦跪拜道："信也觉得您不如项王。但是臣曾为项王做事，可以说说项王的为人。项王大喝一声，能够吓退上千人，但是不能任用贤人为将，这不过是匹夫之勇。项王对人非常慈爱，言语上非常关切，见到将士生病，难过得痛哭流涕，还与之分享自己碗里的食物，但是对有大功、应该封赏爵位的却非常吝啬，可以称之为妇人之仁。项王虽然雄霸天下，分封诸侯，却没有居住在关中，而在彭城为王。这有悖于和义帝的约定，反而封亲近的臣子为秦地之王，诸侯们纷纷不平。诸侯们见项王驱逐义帝，也和项王一样驱逐其主，自己占领好的地盘。项王所过之处，杀伤太多，天下人大多怨恨于他，百姓们不亲附于他，只不过是迫于其武力强盛才不敢反抗罢了。虽然名为霸主，但实际上已经失去了民心。所以说他对天下的统治孱弱。如果大王反其道而行，任用天下勇武之士，那么什么样的敌人都能打败！用天下的城池土地封赏有功之臣，他们都会向您臣服！将想回到家乡的士兵组成义军，无论什么样的敌人都能打败。况且项羽分封的3个王，原来都是秦朝的将领，率领秦地的子弟打了好几年仗，被杀死和逃跑的人多到没法计算，又欺骗他们的部下向诸侯投降。到达新安，项王狡诈地活埋了已投降的秦军20多万人，唯独章邯、司马欣和董翳得以留存，秦地的父老兄弟把这3个人恨入骨髓。而今项羽凭恃着威势，强行封立这3个人为王，秦地的百姓没有谁爱戴他们。而大王进入武关，秋毫无犯，废除了秦朝的苛酷法令，与秦地百姓约法三章，秦地百姓没有不想要大王在秦地做王的。根据诸侯的成约，大王理当在关中做王。关中的百姓都知道这件事，大王失掉了应得的爵位进入汉中，秦地百姓没有不怨恨的。如今大王发动军队向东挺进，只要一道文书，三秦封地就可以平定了。"韩信这番话解决了刘邦一方长久以来的两个问题，他们虽然知道刘邦想要获取天下，但是没有人认为能够取胜，韩信的话为其树立了信心，使他们不再畏惧项羽。同时，韩信为刘邦取得天下提出了切实可行的实施方案，就是先定三秦，再图东进。

刘邦听了韩信一席话，不仅茅塞顿开，也对未来有了清醒的认识。他看着萧何幽怨道："你怎么不早点把大将军引荐给我？"这时候却不提当时拒绝韩信的情景了。

韩信能够让刘邦满意，萧何也非常高兴，但是多年的修炼使他早已喜怒不行于色，于是微微笑道："大王现在得到将军，也不算晚。"

暗度陈仓

刘邦一方想要争雄天下，首要目标是占领三秦。一旦确定了目标，军事机器和行政机器就飞快地运转了起来。萧何负责行政方面的工作，韩信则统领全部汉军。

贸然出兵一定会引起三秦诸侯的警觉，甚至会引来项羽的报复。出山的栈道被毁，是坏事也是好事。烧掉栈道，出汉中必然更加困难，但是同样能迷惑敌人。韩信献出计策，重修栈道，迷惑敌人，但是暗地里却派兵绕路走更加难以渡过的古道，出兵陈仓。明修栈道，暗度陈仓之计，只有刘邦一方最高层少数人知道，即便是樊哙、周勃都被蒙在鼓里。

刘邦命令樊哙和周勃务必在3个月之内修好栈道，但是只给了他们一万人马。栈道依山崖而建，绵延300多里，地势险峻。这条栈道是蜀道的一部分，李白说"蜀道之难，难于上青天"，走过蜀道已经是非常艰难，更何况要修建蜀道呢？一万多人，十几天过去了，只修建了很短的一段。修栈道的士兵们心想，不要说3个月修完，就是30年也不一定能修完。不只修建栈道的战士们一片抱怨之声，就连樊哙和周勃也是怨声载道。

刘邦修栈道的消息不仅在汉地传得沸沸扬扬，就连各地诸侯都知道了。得知刘邦修栈道后，三秦诸侯反而安下心来，他们都知道修栈道不可能在短时间内完成。他们也不是没有想过这是刘邦的计谋，但负责此事的是刘邦手下战功最盛的两名将军樊哙和周勃。诸侯们还以为没有了这两位将军，汉军的战斗力发挥不出来。以前确实如此，但是有了韩信就完全不一样了。

这年八月，栈道工地上如火如荼，汉地后方紧张备战，只不过不是要走没有修建好的栈道，而是打算引兵从故道（陕西凤县东北）出袭庸（陕西宝鸡）。刘邦率领着一支精兵，找当地猎户带领，穿过大山，走出去。

这里的多数地方都只有闭塞的小路，甚至一些地方根本没路，只能让猎户带领着在荒野里走。当汉军出现在陈仓的时候，当地人都傻眼了。他们都不知道这支部队从什么地方来的，汉军就像一群神兵。

不出韩信所料，三秦人民对章邯等人非常愤恨。项羽坑杀秦子弟，只留下了章邯、司马欣、董翳，并且让他们做三秦之王。对于秦人来说，对他们的恨比对项羽还要强烈。相反，汉王刘邦的名声在秦地非常好，人们都盼望他能够担任关中王。三秦中战斗力最强的雍王章邯被打败，三秦便到了刘邦手里。

当时，田荣已经自立为齐王，彭越在梁地反抗项羽。项羽正要北击田荣，无暇顾及三秦地区。刘邦的谋士张良连忙给项羽寄去书信，在信中张良表示，汉王只想要得到关中地区，这是当初的约定，不敢再向东方扩张。

这个时候对项羽来说，多一事不如少一事，便相信了张良的话，没有派兵帮助章邯。刘邦这才有了充足的时间平定关中。

此时，萧何的任务一点也不比在外打仗的将领轻松，他必须全力满足将士的粮草。这时候他搜集的那一批秦国图书发挥了重要作用。在秦国图书里，有对巴蜀地区和关中地区的详细介绍，自然不会少了农业方面的内容。

川、蜀地区有良田千顷，耕种得时，能够一年两熟，甚至一年三熟，即便严重缺水的地方也能做到一年一熟。其中八成以上的面积种植谷粟，产量居全国首位。东部盆地，分布有小麦、玉米、红薯、豆类。川西高原则广泛种植青稞。

巴、蜀地区北高南低，平原占七成，丘陵、山地占三成，是出产粮食、木材和牲畜的好地方。更难得的是，萧何在此地发现了铜、金、铁等矿藏，这就为汉军提供了大量的财富和武器。

当年，秦国取得巴蜀之地后，实力大增，依靠巴蜀的物产才有能力实施横扫六合的战争。萧何在巴蜀地区筹备粮草，开采矿物，将大批军用物资源源不断地送往战争前线。因此，刘邦军队很少有物资缺乏的情况，兵精粮足，自然能发挥出更强的战斗力。

平定关中之后，南郑已经不适合作为汉都城了，这个地方太过闭塞，不适合做国都。重新占领咸阳之后，刘邦便将萧何征召来了。

经过数年征战,关中地区已经是残破不堪了。咸阳本是全国最富饶繁华的城市,但却被项羽放火烧掉了。3个月的大火,已经将雕梁画栋的建筑化成灰烬,整个咸阳城都成了一片瓦砾。同时,关中地区的行政机构几乎被毁坏殆尽,重新组建行政机构同样是一个繁重的工作。完全占领关中之地后,刘邦面对的就是这样一个烂摊子。如何将这块庞大而混乱的土地治理好,成为刘邦一方发展的重中之重。

刘邦叹了口气对萧何说道:"关中之地,已经残破如此,万事倚赖丞相了。"

萧何谦逊道:"臣诚惶诚恐,当下之际,应该早立都城。您贵为汉王,拥有关中之地,不宜长久住在军营里。"

刘邦道:"我住哪里都行,治理政务才是重中之重呀!"

萧何道:"大王所言极是,确立都城就是治理关中政务的关键。有了都城,文武官员才能有地方办公,同时才能让民心安定下来。以后的政策才能顺利实施。"

刘邦惋惜道:"就依丞相所言。只是定都在哪里好呢?当年我们进入咸阳时,简直眼花缭乱,满眼雕梁画栋、曲榭楼台,数不胜数。如今咸阳城已经成为一片瓦砾,不宜作为都城了。"

萧何道:"项王进入咸阳后,屠戮平民,杀掉秦降王子婴及嬴室宗亲,并将所有的美妇、财物劫掠一空。最可惜的是秦国集天下之力,数十年经营的咸阳城被付之一炬,绵延300里的阿房宫更是没能幸免。"

刘邦接着说道:"就连规模宏大的骊山始皇陵也没能幸免,陵墓建筑被付之一炬,坟内珍宝同样被全部搬走。始皇帝还想带领他的地下大军横扫冥界,可惜死去没多久就被项王掘坟。"

萧何道："项王残暴，被秦人所弃；大王仁慈，秦人所亲，所以才能顺利拿下三秦。此时不宜大肆建造宫室，一切以休养生息为主，微臣认为栎阳（今陕西临潼东北）适合建都。此地破坏最小，防守完备，可以暂做都城。"

刘邦不由得皱眉道："栎阳也太小了点吧？"

萧何道："只是暂时立定脚跟罢了，待到平定天下之时，再选择合适之地不迟。"

在萧何的安排下，在栎阳修建了简陋的宫室及衙署，相比原来的咸阳城惨淡无比，但是也算初具都城的功能了。

萧何离开蜀地的时候正是冬天，待到来年春暖寒消，刘邦便引兵东征，而治理关中地区的重担就全部压在了萧何肩上。

刘邦对萧何说："我将东征，关中全部托付给丞相了。相信您能将关中治理得很好，有事的话，您自己拿主意就行了。"

萧何感动道："关中之事，定不让大王费心。臣定会竭力而为，定会保证大军粮草。"

汉二年（前205），刘邦高调为义帝发丧，重申义帝为天下共主。义帝是楚怀王之孙，在灭秦战争中他调停诸侯矛盾，安排攻秦策略，灭秦后被尊为义帝，成为天下共主。但是义帝被项羽所弑，这被认为是犯上作乱的行为，只是碍于项羽势力强大，才没人敢去指责他。

刘邦在为义帝哀临3日之后，派遣使臣向各方诸侯宣告，项羽大逆不道，天下人人可得而诛之，兴兵征讨项羽。

经略关中

刘邦在外领兵打仗，萧何则继续为其经略后方。在栎阳安定下来后，萧何主导的一系列政治改革随即展开。第一件要做的事情就是帮汉王收拾民心，大施恩惠。他命人修整骊山陵，并派兵保护，不让无关人员侵扰。秦人对始皇帝是有感情的，只是对二世非常不满。保护始皇陵，无疑获得了秦人的好感，尤其是获得了原秦国士大夫的好感，这些知识分子仍然是治理国家必不可少的。

开放原秦国的皇家园池，平民百姓可以在里面耕种，同时大赦天下，一些罪名较轻的罪犯被免罪，并大幅度减免税赋，赐予民众爵位。这些措施让民众对刘邦感恩戴德。

在政治体制上沿袭秦旧有的制度，只做很少的改动。命民众推举年龄在五十以上、有德行、能做表率的老人，任命为三老，每乡设三老一人，在乡三老中选一人为县三老。乡三老辅佐乡长官，县三老辅佐县令，负责教化民众。三老是本地有名望的长者，让他们和本地人沟通自然无往不利，同时，三老也能为县令提供当地的资料和其他帮助。

与此同时，还进行了另一件重要的事——建立汉宗庙社稷。从某种程度上来说，拥有宗庙社稷才能称之为合法的政府。

想要治理好一个地方，没有详细的资料是不可能成功的，而从秦获得的那批资料又立了大功。在那批资料中，有关于汉中地区地形、气候、耕地、民风等完整的介绍，这就为萧何的工作提供了很大帮助。

关中地区位于黄河中游，从春秋开始就是秦国辖地，所以也被称为秦。此地北部为黄土高原，南部为巴山地，中部为渭河平原。

虽然黄土高原被流水侵蚀，沟壑众多，但是在洛川一带土地肥沃，被称为"米粮川"。秦的领土由秦岭和大巴山组成，山中风景如画，动植物种类繁多，并且适合种植药材。秦地最富饶的地区要数渭河平原，渭河平原又被称为关中平原，西起宝鸡峡，东至潼关，东西长800里，在众多河道的滋润下土地肥沃，被称为"八百里秦川"，是秦地粮食的主要保障。

当年秦国成为数一数二的强国，靠的就是关中地区丰富的物产。在萧何的鼓励下，民众不但开采荒地，广泛种植粮食，而且大力发展奶山羊和牛、驴等畜牧业，以满足刘邦军队的粮饷需要。

在给刘邦运送给养的时候，萧何大量采购羊、驴等作为粮饷的补充。百姓们得到实惠之后，发展畜牧业的积极性更高了。将士们在前线可以吃到新鲜的肉和充足的粮食，萧何功不可没。

虽然萧何在后方尽力周转粮草，但刘邦在前线却不是一直顺利的。刘邦率军至外黄（河南兰考东南），彭越率3万士卒归附刘邦。刘邦遂乘虚率领人马进入彭城，将项羽府库财宝劫掠殆尽。项羽大怒，率领3万精兵南下，在彭城灵璧东睢水上大败汉军，杀伤无数，睢水为之不流。刘邦被项羽军队团团围住，如果没有意外，刘邦很可能就会死在这场战争中。然而，就在楚军正要歼灭汉军之时，西北风大作，房屋被吹倒，大树被连根拔起，砂石蔽天不见日月。无论是楚军还是汉军都在大风中乱了阵脚，刘邦趁机逃走。数万大军，逃走的竟只有数十骑。在逃跑的过程中，楚军紧追不舍，刘邦竟将自己的两个孩子推下马车，多亏夏侯婴下车抱回两个孩子，他们才得以脱身。

汉二年（前205）五月，刘邦退守荥阳，以抵抗楚军。诸侯见汉军失败，纷纷逃跑，甚至有些人向楚军投降。而且此时刘邦手下已经没有多少兵将可用，如果楚军来攻，能不能守住绝对是个问题。

此时，关中的壮丁几乎被征伐殆尽了，已经无兵可用。萧何知道刘邦在荥阳受难，更知道如果守不住荥阳，楚军就会长驱直入，而关中内部已经无人把守。于是萧何命令关中所剩无几的守卒支援刘邦，甚至扩大征兵规模，无论老幼，悉数派往荥阳。

当这批士卒到达荥阳的时候，刘邦不禁松了口气。虽然多是一些老弱之兵，但起码能拿得动武器，不至于没有丝毫战斗之力。不久，韩信率领士兵前来会合。此时，刘邦身边又聚集起了十余万兵马，尤其是有韩信统领，已经有自保的资本了，荥阳的忧患解除了。

不久之后，刘邦离开荥阳，回到都城栎阳，命韩信统领兵马，阻挡楚军。韩信不负众望，与楚军大战3次，三战三捷。楚军见识到韩信的威力，不敢再向荥阳进攻了。借此机会，韩信重整兵马，训练军队，修建城防工事，刘邦一方的实力渐渐恢复了。

刘邦回到栎阳时，萧何带领着文武百官在城外迎接。刘邦见到萧何，放下心来，这才感觉到疲惫异常。虽然栎阳的宫殿不算华美，但是相比行军在外已经是非常舒适了。安顿好之后，萧何向刘邦报告了关中的情况。

萧何对刘邦说道："关中政务虽然复杂，但臣还能支持，只是有一事还需要大王亲自定夺。"

刘邦见萧何说得如此郑重，也不敢怠慢，急忙说道："政务上的事丞相做主就好，重要的事告诉我一声就行。"

萧何摇头道："这事只能大王您做主。"

刘邦不解道："什么事呢？"

萧何道："大王常年在战场厮杀，微臣虽然在后方，但是无时无刻不胆战心惊。如今大王已经50岁了，将盈世子立为太子，由臣和诸位同僚辅佐，您岂不是就没有了后顾之忧？"

刘邦一听，想起汉社稷完全是系自己于一身，如果有什么意外，那么自己的事业马上就会分崩离析。册立太子之后，即便自己出事，孩子也能继承自己的位置。虽然长子刘盈只有5岁，但是其母吕后的能力和手段都非常人能及，定不会让他们被欺负。想到这里，不禁佩服丞相事事想得周全。而孩子这张王牌，正是项羽所没有的，自己可以没有顾虑地战斗，但是项羽不能。

想到此处，刘邦对萧何说道："丞相所言极是，就请挑选良辰吉日册封盈儿为太子吧！"

于是萧何安排数位朝中大臣上书请封太子，刘邦准奏。选择了良辰吉日，举行了盛大的仪式，正式宣告册立5岁的嫡长子刘盈为太子。刘邦下令，关中的将领之子全部搬到栎阳居住，作为太子的近卫。

这时，汉军引水灌废丘。废丘投降，章邯兵败自杀。至此雍地被平定，并将雍地80多个县，设置河上、渭南、中地、陇西、上郡。命令祭司按照特定的时间祭祀天地、四方、上帝、山川。

这年夏天，战争的灾祸降临了，关中地区爆发了大规模的饥荒。长期的战乱并没有使关中地区稳定发展起来，同时数次征兵，关中的老幼都被征伐，所以劳动力严重不足。战争是需要大量粮饷的，而这些都要从关中百姓身上出。

萧何接到了各地的奏报，有些地方一斛米的价格已经高到了万钱。价格如此之高已经不是市场行为了，而是市面上已经无米可卖。有些地方则出现了"人相食"的惨剧，出现这种场景，说明汉中已经贫困到一定程度了。如果不解决饥荒问题，刘邦一方打下的大好局面就有可能毁于一旦。于是萧何命人将难民迁移到西蜀地区，那里生产的粮食能够满足部分人的生存需要，更重要的是给难民一个盼头，避免出现大规模的动乱。但即便是这样，死亡的人口亦不在少数。

平民天子

汉二年（前205）八月，刘邦再次回到荥阳。此后两年间，楚军和汉军在荥阳相持，互有胜负。期间，萧何统筹粮草，并且不时派遣汉中守卒去帮助刘邦。关中地区的政务几乎全是萧何在处理，甚至有些关中子弟只知有萧何不知有刘邦。

汉三年（前204）是楚汉双方在荥阳对抗最激烈的时候，刘邦却频繁派遣使者慰问萧何。

得知大王使者到了，萧何赶紧放下身边的工作，接见使者。萧何问："大王派你前来，可是粮草不足？"

使者道："多亏丞相四处周转，才使前线将士免于饥寒之忧，此时军中粮草充足。"

萧何又问道："那是否荥阳有变？你速速道来。"

使者恭敬道："荥阳没有变故，只是大王知道您肩负重任，特派遣我来向您慰问。"

萧何不禁暗自高兴，自己在后方还能受到如此重视，可见在大王心里是有自己的，便向使者道："请大王放心，臣定替大王管理好关中地区。"

使者离开之后，萧何不敢有丝毫懈怠，尤其是得到消息，魏王豹叛汉助楚，让汉阵营一时失利。还好最近有个叫陈平的人仗剑投奔刘邦，这是个有大谋略的人。

数天之后，刘邦的使者又至，萧何忙问道："大王有什么指示吗？"

使者道："大王知道您劳苦功高，治理政务实属不易，特让我来慰劳丞相。"

萧何叹气道："大王才真不容易呀，既要领兵打仗，还要心系于我。臣肝脑涂地，无以报答。"

使者走后，萧何回忆起在沛地的日子，不禁感慨丛生。数年前，谁能想到自己一个刀笔吏能成为宰相，而一个小小的亭长能成为汉王呢？如果更进一步，当初那群平民就能成为这个天下的主宰者了。正在萧何陷入思考的时候，忽报门客鲍生求见。

鲍生见丞相一脸沉思，便道："我到您府中已经有段时间了，但是没能对您有所帮助，实在过意不去。"

萧何道："交代你的事做得都非常好，怎么能说对我没帮助呢？"

鲍生道："些许政务，谁都会做，但是丞相有灾祸，却不是谁都能救您。"

萧何不解道："如果你觉得才华不能施展，我会安排更重要的职位给你。说我有灾祸，是看出哪些政令有问题吗？"

鲍生摇头道："自从大王坐镇荥阳，亲自领兵与楚军作战，关中大小事务都是由丞相您来安排。丞相大才，政务上并没有谬误。只是大王常常派遣使臣慰问宰相，您难道还不明白吗？"

萧何道："大王厚恩，臣自当竭力相报。"

鲍生道："丞相是当局者迷呀，如今关中臣民只知有丞相，不知有大王。如果您派兵镇守关口，自立为王，您让大王怎么办？"

听完这番话，萧何脸色巨变，忙起身对鲍生行礼道："请先生教何！"

鲍生道："不敢劳丞相行礼。大王在外带兵，是不放心您呀。您可以从自己的亲族中选丁壮，让他们去跟随大王征战，您才能常保无忧。"

萧何听从鲍生的建议，随即召集家族中的丁壮，加紧训练，择机将之送往荥阳。

不久，刘邦派遣使者再次向萧何慰问。萧何对使者道："臣知陛下征战辛苦，奈何臣不是领兵之才，只能帮大王管理后勤、补充兵员之事。最近又招募了一批士兵，正在加紧训练，你报与大王，不日将送达。奈何关中壮丁稀缺，能够替大王分忧是臣的本分，所以臣家族中的丁壮也在这次征兵之列。"

使者将萧何的话带给了刘邦，刘邦听后顿时释然了。对刘邦来说，目前最可怕的不是强悍的楚军，而是背后的萧丞相。楚军势大，自己实力也不小，但如果萧何闭关为王，或者立太子为傀儡王，那么自己可就真要折戟沉沙了。萧何族人在军营，实际上是将其作为人质交给刘邦看管，表明与刘邦共存亡的态度。

萧何的行动非常迅速，新兵训练很快完成，并亲自率领这批士卒赶赴荥阳。

刘邦得知萧何亲自前来，非常高兴，赶忙到营门去迎接。对萧何说道："这些年，多亏你治理关中呀！"

萧何道："大王才是真正的辛苦，臣在后方一刻不得安生。这批士卒里有臣的族人，全供陛下驱使，死伤无论。"

虽然话是这样说，但刘邦也知道不能让萧何族人冒险。安排妥当后，便派人送萧何回到了关中，从此可以安心征战了。

刘邦和项羽在荥阳相持了两年多。期间，刘邦数次败逃，多亏萧何派遣关中守卒才得以重新振作，但是楚军也始终不能越过荥阳。汉四年（前203），韩信占领齐地，并向楚地进攻，彭越则在梁地侵扰项羽。项羽也不想继续僵持下去，于是与刘邦讲和。楚汉约定以鸿沟（河南郑州市北过开封到淮阳以南）为界，天下中分，鸿沟以西归属汉，以东属楚。

这年九月，项羽不想继续作战，于是引兵东归。刘邦也想回到关中，拥有了半个天下，对他来说已经很满足了。但谋士张良和陈平却不同意回到关中，他们对刘邦说："大王已经得到了大半个天下，难道就要半途而废吗？"

刘邦道："我们已经与项王定下合约，他已经回去了，我还能怎样呢？"

谋臣们对刘邦说："议和只是权宜之计，而今四方诸侯众叛亲离，项王兵马疲惫，而且他已东归，若趁机追击，定可一举灭掉项王。大王切不可妇人之仁。"

刘邦思考良久，也觉得这是难得的机会，虽然不太光彩，但从来都是胜者为王，遂派遣大军追击项羽。汉军数路阵营在夏阳（河南太康）南会合，刘邦向韩信、彭越等人许以共治天下，于是汉军攻楚。

随后，项羽被困垓下（今安徽灵璧东南）。韩信定下十面埋伏之计，用重兵将项羽率领的少量军队团团围住。项羽奋勇作战，杀敌无数，奈何敌人太多，始终不能冲出重围。是夜，项羽在营中听到四面尽唱楚歌，以为楚地被汉占领了，不禁喟然长叹："天亡我，非战之罪。"于是率军斩将骞旗，汉军大骇。之后，项羽被逼到乌江岸边，此时身边已经没有一个人。他望着浩瀚的乌江，想到8年前500江东子弟跟随自己起兵，历经70余战，未尝败绩，而今只剩孤身一人，难道就这样回到江东吗？哪有脸面见江东父老呢？况且天下匈匈数岁，只因与刘邦争夺天下，害得百姓离散，自己一死，天下也就太平了。想到这里，项羽在乌江岸边引颈自杀。

汉五年（前202）二月，刘邦在汜水之阳（今山东定陶）登基称帝，立王后吕雉为皇后，王太子刘盈为皇太子，遵已故母亲为昭灵夫人。其余诸人则论功行赏。

刘邦登基标志着汉王朝的建立，这是中国历史上继秦朝之后第二个统一的王朝。

争功

汉五年（前202），刘邦在洛阳南宫大宴群臣。酒足饭饱之后，刘邦对众人说："各位诸侯将领辅佐朕得到天下，如今大功告成，一起宴饮，有什么话直接回答，不要避讳。吾为什么能得到天下，项王为什么失去天下呢？"

高起、王陵回答道："陛下平时待人轻慢，甚至还侮辱人，项羽平时仁慈而尊敬他人。但是陛下命人攻城略地，有所功绩，就会不吝封赏，所以能够拥有天下。项羽嫉贤妒能，有功者不赏，反而加害。拥有土地之后不分给属下，所以人心分散，丢掉了天下。"

刘邦说："公等只知其一不知其二，运筹帷幄，决胜千里之外，我不如张良；镇守国家，筹备粮饷，我不如萧何；统帅百万士兵，战必胜，攻必克，我不如韩信。这三人都是当世豪杰，能为我所用，所以我才能拥有天下。项羽只有一个范曾，还不能重用，怎么能不为我所灭呢？"

刘邦将萧何、张良、韩信比作天下三杰，而没有提及其他人，已经说明他认为这3个人的功劳是最大的。尤其是萧何很少和他们一起作战，虽然为其供应粮草，但是难免与他们疏远。况且天下已定，这时候的天下就不应该是武人的天下了，而应该是文士的天下。刘邦知道,能够马上得天下,却不能马上治天下,项羽不就是活生生的例子吗?

跟随刘邦领兵打仗的多是武人,这批人在论功行赏之后,一定会占据高位,如果一个国家完全被武人把持,简直不堪设想。所以刘邦将萧何封为酂侯,封张良为留侯,封陈平为户牖侯。同时还放出风声,要将萧何列为功劳第一,这样一来触动了所有武人的神经。

一些将领认为,张良、陈平两人有谋无勇,能够封侯,是祖上积德。他们虽然没有大功,但是也帮助刘邦出过不少的计谋,封侯也算说得过去。而将萧何封侯很多人就不能理解了,很多将领率兵打仗、出生入死都不能封侯,而萧何一直在关中腹地,关中地区没有战事,且宫殿壮丽,美女如云,简直就是一直在享福。没有一点特殊功绩、过得最舒服的人居然也能封侯,更气人的是他的食邑最多。于是将领们一起觐见刘邦,对刘邦质问。

"臣等身披战甲,手持利刃,亲临战争,多者历百余战,少的也有数十战,可谓九死一生,才挣来功绩,享受恩赐。但是萧何没有汗马功劳,只是舞文弄墨,在汉中享福,赏赐比我们还多。臣等不解,还希望陛下明示。"

刘邦看着他们笑笑说:"你们知道狩猎吧?追咬猎物的是猎狗,发出指示的则是猎人。诸位攻城略地,只和猎狗相似,只相当于猎取几只野物罢了。萧何能发出指令,指挥猎狗追逐野物,和猎人的作用相同。这样看来,诸位只是功狗,而萧何则是功人。况且诸君大都是一个人追随我,最多不过两三个人,而萧何则是全族数十人跟随我。其功劳之大,不容忽略。封赏萧何,诸君不要有疑问了。"

大家听了这话,哪还能多说什么,只好走了。

各路诸侯封赏完毕，在排诸侯位次的时候，刘邦仍旧想将萧何排位第一。这时候，诸位将领急忙进言道："平阳侯曹参，攻城略地，身上伤痕无数，功劳最多，应该为第一。"

曹参同样是刘邦近臣，当年在沛县时，也是下层官吏，和刘邦关系非常好，后来更是立下了赫赫战功。将曹参立为功劳第一，同样说得过去。但是曹参是武将，不是文臣，刘邦是不能允许一个武将功劳第一的。在刘邦心目中，功劳之首，只能给萧何。但是群臣反对，也不能一直与他们意见相左。

关内侯鄂千秋看懂了刘邦的心思，起身道："平阳侯曹参，攻城略地，确实有功劳，但只不过是一时的功绩。当年陛下和楚战斗了5年，数次战败，士卒战亡逃离殆尽，多亏丞相从汉中派遣守卒，才得以转危为安。萧何在关中转运粮草，才使得征战中无后顾之忧。陛下数次兵败逃亡山东，而萧何以整个关中侍奉陛下，这才是万世之功。即便没有100个曹参，也能成就大汉王朝，而没有萧何便没有大汉。奈何将一朝一夕的功劳排在万世之功上面！萧何应该功劳第一，曹参次之。"

鄂千秋的话正中刘邦下怀，刘邦不由得喜形于色，对他说："我听说进贤要受到赏赐，萧何功劳虽然大，但由你说明才清楚。"于是将鄂千秋封为平安侯。

鄂千秋只是替萧何说好话，都得以晋封，众人便都知道刘邦是怎么想的了，便识趣地不再多说什么。

于是萧何便被称为功劳第一，其父母、兄弟等数十人都有封赏，又加封了萧何2000户的食邑。当年刘邦还是亭长时，出门办事需要向官吏讨要 200 文钱，而萧何每次都多给他 200 文，增加食邑，用他的话说就是回报当年的恩情。

非但如此，刘邦还允许萧何"剑履上殿，入朝不趋"。古代君子出门在外，需要佩剑而行。虽然有时候佩剑只是一种装饰，但仍然是兵器。而"履"在古代多是指用皮革做的军靴，按照规定军容不得入国，所以在觐见帝王时，不准佩剑或穿军靴。而允许萧何"剑履上殿"，则表明刘邦对萧何非常信任。

"趋"是一种走路姿势，指小步快走，以表示对其人的尊敬。在古代，对自己的长辈和尊敬的人必须以"趋走"表示尊重，对待皇帝更应如此。允许萧何"入殿不趋"，则是将萧何当作平辈来看待了。

战争结束之后，武人已经不像战时那么重要了，有的甚至成为国家的祸患，而萧何则是建设国家必不可少的人物。

第三章
治世贤相

创业难，守业更难。在萧何的主持下，一座城池拔地而起，同时崛起的还有强大的汉王朝。刘邦在外以武力争霸天下，萧何在内以智慧治理国家。萧何或许没有意识到，他个人制定的制度，将成为历代政治结构的基础。一时之功，即便缺失，也不影响大局。万世之功，却是不可或缺的。萧何的万世之功，不单单是为建立汉朝做出的贡献，更是为后世留下了宝贵的财富。

兴建长安城

萧何对大汉的贡献被称为万世之功，实际上这只是开始，当大汉拥有天下的时候，才是萧何真正大展拳脚的时候。大汉王朝建立后，萧何主持修建了长安城。长安城已经有2700多年的历史了，更是在长达上千年的时间里成为中华民族的政治、经济、文化中心。如今长安已经改名西安，仍然是我国文化底蕴最为深厚的城市之一。

当时在选择都城时，刘邦的首选是洛阳。洛阳在周朝时称为"东都"，周平王东迁之后，便是在洛阳定都。汉五年（前202）五月，刘邦在洛阳南宫大宴群臣，实际上就已经有了定都洛阳的打算。

齐人娄敬路过洛阳，请求觐见刘邦。当时刘邦正在搜罗天下人才，便接见了他。娄敬要见刘邦的目的很明确，就是要他打消定都洛阳的念头。他对刘邦说："陛下取得天下和周不同，周将洛阳定为东都是为了方便接受朝拜和巡视天下。周平王迁都，则是迫不得已，而且周在取得天下之前已经经营了数百年，分封天下诸侯，无人敢不听其号令。您是靠武力获得的天下，一旦天下生变，定都洛阳恐怕对陛下不利。关中地区既有天险，又物产丰隆，秦和汉都是依靠关中地区获得的天下。定都关中，则陛下无忧矣。"

刘邦听了娄敬的话，犹豫不决，不知该如何是好，便去问张良道："您是觉得定都洛阳好还是关中好呢？"

张良道："洛阳虽然有险阻，但是地区狭小，不过数百里平原，地处中心，四方受敌，恐怕不是很好的选择。关中地区三面环险，东对诸侯，诸侯定，则天下物资云集关中。即便天下有变，关中地区也可长保无虞。"

刘邦见张良也这么说，已经拿定主意，对张良道："既然如此，咱们可早日入关中。"

一些大臣不愿去关中，但是刘邦执意要走，他们也无可奈何。刘邦登基之后，就不能随便走动了，出行要摆出天子仪仗。安排好后，百官随行，回到了关中。

萧何为刘邦安排了隆重的欢迎仪式，随后将其迎进了栎阳城。萧何对刘邦说道："栎阳城只能做权宜之计，其规模配不上天子仪仗。况且百官衙府也需要重新修建，现在栎阳城已经明显不够用了。臣请在咸阳城址上修建新城，以做都城，您看怎样？"

刘邦道："丞相所言极是，我和百官暂住栎阳，就请丞相新建都城。但是一切以简朴为好，不要浪费民力。"

萧何道："臣自有定夺，请陛下放心。"

秦都咸阳的渭河南岸有个地方叫长安乡，"长安"是长治久安之意。刘邦觉得这个名字寓意很好，希望自己打下的江山能够长治久安，于是将新建的都城命名为长安城。长安城距离咸阳城很近，咸阳被项羽焚毁，恢复之后，刘邦取名新城。汉武帝年间，因咸阳城临近渭水，于是将之改名渭城。咸阳这个名字几经存废，而今仍旧是陕西著名的城市。

萧何在秦兴乐宫的基础上建造了长乐宫。长乐宫宫墙周长20里，面积380余万平方米。据史料记载，长乐宫前殿东西49丈7尺，南北长25丈，建筑宏伟壮丽。长乐宫并非一座宫殿，而是由长倍殿、长秋殿、永寿殿、永宁殿、钟室、鸿台、文史等14座宫室台阁组成。

秦兴乐宫只是离宫而已，也就是在都城之外的皇帝宫殿。长乐宫也只是一座临时性质的宫殿。公元前200年，长乐宫修建完毕，刘邦正式迁都长安城。

此时，长安城并没有建设完毕。长乐宫修建完毕后，萧何又开始在长安城内主持修建未央宫，作为永久性的皇帝宫殿。未央宫在长乐宫之西，所以在当时也被称为西宫，是在秦章台的基础上修建的。

未央宫四面筑有高墙，周长达到了28里，南北两墙各长2250米，全宫面积约5平方公里，约占全城面积的1/7。虽然比长乐宫还要小一些，但是看上去却十分宏伟壮丽。

四面建宫门各一，东门和北门有阙。东阙在东司马门外，正对长乐宫西阙。宫内有殿堂40余座，还有6座小山和多处水池，大小门户近百，与长乐宫之间又建有阁道相通。前殿50丈，深15丈（120米），高30丈（35米），面积比北京故宫正殿太和殿大一倍以上。前殿位于未央宫正中，基坛是利用龙首山的丘陵建造的。

未央宫不但有皇帝和后妃居住的地方，还建有官署作为官员们的办公场所。甚至还在其中建造了中国历史上最早的国家藏书馆——石渠阁与天禄阁。未央宫拥有前殿、宣室、温室、清凉、麒麟、金华、承明、高门、白虎、玉堂、宣德、椒房、昭阳、柏梁等殿和天禄、石渠两阁等，共40余座建筑，是汉王朝皇帝居住、举行仪式、官员办公的重要场所。直到今天，未央宫已经瓦砾成堆，汉未央宫的遗址仍存有当时高大的夯土台基。

未央宫修建完成之后，长安城的城墙实际上还没有修筑完成。直到汉惠帝五年（前190），城墙才修建完毕。其后，汉武帝又对长安城进行了大规模的扩建，直到100多年后，长安城才建设完成。

在西汉200多年的历史中，长安城始终是汉帝国的政治、文化和经济中心，其体现的建筑理念为后世的城市建设提供了重要的参考价值。

未央宫建成后，刘邦见其华美壮丽，便向萧何怒道："天下匈匈数岁，成败还不可知，为什么要过度建造宫室呢？"

萧何道："天下还没有平定，正好趁机营建宫室。况且天子将四海当作自家，宫殿不华美壮丽，不足以立威，只要让后世不再增加就是了。"

刘邦听到萧何这样说才释然。

大汉王朝刚刚统一天下的时候，实际上非常穷困。刘邦出行，想找几匹没有杂毛的马拉车都找不到，而大臣出行只能乘坐牛车。贫困如此还要大建都城，并非是没有必要的。都城是一个国家的象征，如果一个国家的都城都建造得破破烂烂，那么民众就会对这个帝国失去信心，诸侯也不会对皇帝有敬畏之心。

以法治国

　　大汉王朝的各项制度建设，是在萧何的主导下完成的。和清代帝王事必躬亲不同，古时候帝王并非事事亲力亲为，治理国家的权力实际上移交到了丞相手里。《尚书》中说"圣人垂拱而治"，皇帝自然被称为"圣人"的化身，"垂拱"的意思是"垂衣拱手"，是一种安闲庄重的样子。帝王不需要自己出力，便能无为而天下治。丞相被称为百官之长，统领百官治理国家，需要极强的行政能力。

　　刘邦与项羽作战时，萧何坐镇关中，他制定了汉的地方基本统治结构和中央部门，策划了立太子、迁都等事宜。这些工作奠定了汉王朝初期的政治体制，直到刘邦即位，定都长安城，萧何对汉朝的政治制度不断修补，才趋于完善。萧何制定的汉朝制度，被描述为"汉承秦制"，意思就是汉王朝基本继承的是秦朝的制度。

　　秦朝在商鞅变法中逐渐消灭了分封制，建立起土地君主所有制，从中央到地方，郡、县、乡三级行政体制，每一级别的最高行政长官并不拥有这些土地，而只是皇帝委派的临时管理者。管理方式必须依照朝政制定的规章制度，领取朝廷俸禄，到期还朝。这套制度被称为郡县制，实际上在很早之前，周王朝的山东六国就已经存在郡县制，只是后来在秦全国范围内开始实行。

从"郡县制"来看，汉王朝并非继承了秦制，因为在汉王朝内部除了有郡县制外，还有大量的封国存在。汉王朝建立之初，刘邦迫于形势的需要，先后分封了7个异姓王，分别是楚王韩信、梁王彭越、淮南王英布、燕王臧荼、赵王张敖、韩王信、长沙王吴芮，同时大肆分封同姓为王。这些封王拥有自己的领地，在领地内拥有独立的政治、经济权力，甚至拥有属于自己的军队，几乎与周王朝的封王无异，只是不能擅自调动军队。

低于王一级的功臣，被封为侯，诸侯同样拥有自己的食邑，在食邑内拥有一定的统治权。封侯中最高等的是列侯，甚至在汉建立很长一段时间内非列侯不能为相。

这种独特的封国制与郡县制并存的制度，也是无奈之举。在楚汉战争中的有功之臣，大都拥有强悍的军事实力，他们并不认同秦的郡县制，只有给予他们足够的封地，才能得到他们的效忠。

国家稳定之后，刘邦逐步铲除了异姓王，甚至喊出"非刘姓不得封王"的口号。但是封国制和皇权之间的矛盾始终存在，到汉武帝时期，推行"推恩令"才让诸侯王的势力大减。

在中央权力体系上，汉朝和秦朝基本一致。秦在中央设立"三公九卿"，"三公"指丞相、太尉和御史大夫。丞相为三公之首，统领百官，辅佐皇帝处理政务。秦朝有左右丞相，汉初只有一个丞相。公元前206年汉立，刘邦拜萧何为相。公元前197年，刘邦将丞相改为相国，仍旧拜萧何为相国。在当时，为了表现对丞相的尊敬，丞相与皇帝相遇，皇帝要向丞相行礼。在接见丞相时，皇帝要起立相迎，对坐议事。

御史大夫负责全国的监察事务，既要作为丞相的副手处理政务，还要负责掌管印信，受理百官奏事，监察百官和天下诸务。太尉是全国最高军事长官，掌管全国军事，但是这并不是一个常设官职，往往在国家有需要的时候才设立，事后则罢免。汉朝虽有太尉之职，但直到公元前 195 年，刘邦北征陈豨，才立周勃为太尉。

三公之下设立九卿，九卿分别是：

奉常，掌管祭祀和朝廷礼仪。

郎中令，掌管宫廷门户。

卫尉，掌管宫门内屯兵。

太仆，掌管舆马。

廷尉，掌管刑辟。

典客，掌管民族事务。

宗正，掌管皇帝宗室事务。

治粟内史，掌管钱谷。

少府，掌管税务。

虽然汉九卿和秦九卿在官名上有所差别，但是在职责上基本一致。三公九卿制构成了汉王朝的中央统治基础，并为后世所沿袭。

萧何在为汉帝国制定各项法规的时候，参照的仍然是秦王朝的各项规定。秦王朝的法律法规非常完善，只是太过严苛罢了。刘邦进入咸阳之初，曾经约法三章，"杀人者死，伤人及盗者抵罪"。所谓的约法三章只是临时性的措施，虽然这种宽泛的政令使民心大悦，但是这根本不可能作为统治的手段。况且在汉中时，需要征召大量的壮丁作战，还要筹备战争所需的粮草。可想而知，没有人愿意承担这种负担，只有通过严刑峻法才能完成使命。况且汉中的各级官吏大都是原秦官吏，对秦法相当熟悉，沿用秦律是自然而然的事情。在长安城定都后，萧何系统地制定大汉律法，没有理由不沿用秦律。

萧何所参照的秦律最早要追溯到东周时期魏国丞相李悝。李悝在魏国实行变法，参照各国的法律汇编成《法经》一书。《法经》是我国古代第一部比较完善的法典，共分为6篇。分别是《盗法》、《贼法》、《囚法》、《捕法》、《杂法》、《具法》。

李悝认为，治理国家最重要的是处理好盗贼问题，所以开头两篇是《盗法》和《贼法》。盗贼需要缉捕，所以有《囚法》、《捕法》两篇。对于其他的罪状，汇聚成《杂法》篇。《杂法》篇不足以包含所有，又用《具法》篇来补充。作为法家代表人物的商鞅，在秦国变法中使用的律法就是李悝的《法经》。商鞅对《法经》中的内容做了进一步完善，将"法"改为"律"。

萧何废除了秦律中关于连坐的惩罚，增加了一些新的条文。同时，新编了《兴律》、《厩律》、《户律》三章。这样就制定出了汉律九章，被称为《九章律》。《九章律》的制定，标志着汉王朝已经拥有了较为完备的法律系统。

成也萧何，败也萧何

萧何对大汉最大功绩之一是向刘邦推荐了韩信，使韩信得以施展才能，在楚汉战争中，唯有韩信敢于和项羽硬拼，最终用十面埋伏之计将项羽逼死。萧何对大汉的另一项功绩也与韩信有关，那就是和吕后合作将韩信杀死。

刘邦登基之后，分封异姓王7人。这些异姓王，都曾立有大功，并且手握重兵，拥有大块封地。其中韩信的功劳最大，实力也最为强大，被刘邦称为"一代人杰"。如果说项羽死后，刘邦最忌惮谁，无疑首推韩信。

韩信用"四面楚歌"之计逼死项羽，后刘邦便到韩信大营中，收了韩信的兵权，并将其改封为楚王。韩信原本被封在齐地，是为齐王。他在齐地经营良久，所率领的军队就是齐地军队，而将他改封为楚王，就将他与齐军的关系割裂了。楚地是韩信的家乡，将之改封楚地，也说得过去。

回到楚地后，韩信做了三件事：一是修正母亲的坟茔；二是报答当年接济过自己的"漂母"；三是找到了曾经侮辱过自己的屠夫，并将其封官。无论是在封地建设上还是在军事上都没有任何行动，摆明了一副安享余年的姿态。

钟离昧曾经是项羽的部下，与韩信交好。当年在楚汉战争中曾对刘邦苦苦相逼，刘邦对其恨之入骨，在取得天下之后，马上下令通缉钟离昧。钟离昧得知韩信被封楚地后，逃到了楚国，投奔韩信。钟离昧在楚国的消息很快就传到了刘邦耳中，刘邦命令逮捕钟离昧。韩信碍于情面，迟迟不肯奉令。

汉六年（前201），有人向刘邦报告韩信想要造反，理由是韩信经常带一支部队到各县巡视。这本来不是什么大事，诸侯王在巡视各地的时候带领一支卫队无可厚非，但是发生在韩信身上，则必须被重视。

刘邦询问陈平。陈平说道："陛下虽然兵多粮足，但是带兵的才能却不如韩信，发兵征讨，不一定能够战胜。况且并不知道韩信是否真要造反，不如陛下南游云梦，他定要外出迎驾，到时候便可将其铲除。"

听了陈平的话，刘邦觉得有道理，于是遍告诸侯，将南游云梦，实际上则是想趁机铲除韩信，而韩信并不知情。

当刘邦到达楚国的时候，韩信也觉察出了蹊跷，甚至想发兵反刘邦，但是想到自己并没有罪过，也想过去拜见刘邦，但是又担心被擒拿。思来想去，不知如何是好。这时候有人对韩信说："陛下对钟离昧怀恨在心，如果您杀掉钟离昧，将其人头献上，定能保您无忧。"

韩信去找钟离昧商量此事，实际上已经拿定了主意。钟离昧也从韩信的话里听明白了他的打算，便对韩信说道："汉之所以不攻打楚国，都是因为我在这里。如果把我献给汉，我今天死去，明天就是你的死期。"说完这话，钟离昧挥剑自杀。

韩信命人割下钟离昧的头颅，到陈地觐见刘邦。刘邦命人将韩信绑缚，放到副车上。韩信道："我曾经听人说过：'狡兔死，走狗烹；高鸟尽，良弓藏；敌国破，谋臣亡。'如今天下已经平定，我确实应该被杀。"刘邦听到这话，对韩信说："有人向我状告你谋反。"于是下令让韩信戴上枷锁，将之带到了洛阳。虽然赦免了韩信的罪过，但是废除其王爵，将之封为淮阴侯，并且不允许韩信回到封地，只能在长安城居住。

韩信知道刘邦畏惧自己的才能，因此常常称病不朝见。但是韩信功劳之大、能力之强却被贬谪为列侯，怎么能不愤懑？所以常常在无意之间将不满的情绪流露出来。

有一次，韩信路过樊哙的府门前。樊哙对其非常恭敬，迎接和出送的时候都行跪拜之礼，并且恭敬地对韩信说道："大王肯到臣府中，是臣的荣幸。"韩信虽然表面上坦然接受，但在离开后却笑着说："没想到我竟与樊哙这样的人为伍。"樊哙不但立有大功，而且还是刘邦的发小，他的妻子是吕后的亲妹妹。韩信这样说实际上是看不起樊哙的，同样表达了对受到不公平待遇的不满。

刘邦曾经与韩信讨论诸位将领的能力，问韩信："我能带领多少士兵呢？"韩信道："陛下不过能率领10万人。"刘邦又问："将军您能率领多少人呢？"韩信笑笑说道："臣领兵，多多益善。"刘邦笑道："既然多多益善，为什么还被我擒拿住？"韩信道："陛下虽然不能领兵打仗，但是能指挥将领，这就是我被陛下所擒的原因。况且陛下您的能力是上天授予的，不是人力所能及的。"

虽然韩信是在恭维刘邦，但是潜台词已经很清楚了："带兵打仗，你不如我。"这不但不能让刘邦消除疑虑，甚至会对韩信更加忌惮。

汉十年（前197）九月，镇守代国的相国陈豨谋反，自立为代王，大肆侵占赵国和代国的土地。刘邦为了尽快铲除陈豨，并震慑诸侯，决定御驾亲征。然而，当刘邦要求韩信与之同行时，韩信却称病不从。其实韩信并非不想重掌兵权，而是陈豨的谋反本就和他有关。

当年陈豨被任命为巨鹿郡（今河北平乡县西南）郡守时，在韩信府中向其辞行。韩信对他说："你驻守的地方是天下精兵所在，你又是陛下亲信的大臣。如果有人报告你谋反，第一次陛下肯定不信；第二次，陛下就会将信将疑；第三次，陛下就会发怒了。如果你起兵，我在关中助你，大事可成。"

陈豨谋反后，韩信派人暗中联络他，打算在夜间矫诏释放关押的囚犯和劳役，利用他们向吕后和太子发动进攻。

韩信府中有一门客得罪了他，韩信将之囚禁，并打算杀死。而这位门客的弟弟便将韩信和陈豨串通谋反的事报告给了吕后。

眼见刘邦已经年长，而年纪尚轻的吕后正野心勃勃地布置谋夺帝国的权力。猛然听到这个消息，吕后心中大惊，想要将韩信召来宫中，但担心韩信不来，只好请萧何前来商议。刘邦不在之时，帝国大小事务实际上都是由丞相萧何处理的。吕后只有依靠萧何才能处理好这次危机。

萧何得知消息后也震惊不已，当年是自己将韩信推荐给陛下，才使得韩信成就了一番功业，而今又要亲手将之毁灭，不由感慨良多。然而帝国大事，系于一身，萧何来不及过多感慨，赶紧与吕后商议怎样应对危机。

萧何命人离开长安城，并让他谎称是刘邦的使者，传递捷报，称陈豨已被剿灭。吕后和萧何命人邀请百官进宫，大开宴席，庆祝陈豨被剿灭，但又担心韩信不来，所以萧何亲自登门邀请韩信。

当韩信进得宫门时，等待他的不是宴席，而是无数的宫廷护卫。他们将韩信捆绑之后，没有丝毫迟疑，便将其处死在长乐宫的钟室中。随后，吕后和萧何命人逮捕韩信的家属，将其三族之内的亲属全部处死。

刘邦灭掉陈豨，回到长安城之后，又喜又悲。喜的是除掉一心腹大患，悲的是跟自己南征北战、立下赫赫战功的绝世之才竟以这种方式死去。

灭掉韩信一族，去掉了刘邦一心腹大患，然而让他忌惮的不只有异姓王，还有朝中权臣。权臣中势力最为庞大的便是大汉首功——相国萧何。

功臣的悲哀

在杀死韩信的过程中,萧何的功劳甚大,然而其已贵为丞相,封无可封。于是刘邦下诏,将丞相萧何拜为相国,虽然只是名字不同,但是人们普遍认为相国比丞相的权力更大。除了拜萧何为相国,刘邦还为其增加封邑5000户。

当众人都向萧何道贺的时候,有个人却到丞相府来吊丧。这个人名叫召平,原秦朝东陵王,秦亡后隐居在长安城东种瓜。这个人种的瓜特别甜美,世称"东陵瓜"。召平对萧何说:"虽然您今天门庭若市,但在我看来您很快就要死了。"

萧何素闻其贤,也曾招揽他。这次却听他说这种晦气话,萧何吃惊道:"您为什么这么说呢?"

召平道:"陛下常年在外南征北战,您留守都城安享富贵。您已贵为丞相,陛下还为您加官晋爵,看似是重视您,而实际上是忌惮您。以淮阴侯之功劳,尚被灭族,您又怎么能幸免呢?"

萧何忙道:"那我该如何是好呢?还请先生明示!"

召平道:"您可以不接受封赏,并将自己的私产移作军需,这样就能免祸了。"

萧何道:"您说得很对,我这就去办。"

萧何听完召平的话之后，连忙将自己的私产变卖，放到了军费中。刘邦得知萧何的所作所为，不由得心中大喜。然而刘邦达不到目的是不会罢休的，很快，新的考验又来了。

汉十一年（前196）秋，淮南王英布谋反。刘邦率领大汉雄师御驾亲征。萧何仍旧辅助太子刘盈留守关中，每天兢兢业业，尽职尽责。

就像当年萧何留守巴蜀一样，刘邦屡次派遣使者慰问。使者奉刘邦的命令，向萧何问道："您每天几时休息，做了些什么事呢？"萧何按照实情上奏。此后每隔几天，刘邦就会派遣使臣慰问萧何。萧何以为这是陛下对自己关心，然而有位门客却不这么看。

这位门客对萧何道："您不久就会被灭族了呀！"

萧何听到这话心中一惊，忙道："先生何出此言？"

门客道："您贵为相国，对大汉有万世之功，已经封无可封，赏无可赏。您治理关中，已经十几年了，深得民心。关中百姓皆依附于您，您还孜孜为民，这是人主之忌呀。陛下对您的忌讳越多，您的灾祸也就越来越近了。您不妨胁迫民众贱买土地，使民间稍稍怨恨您，主上知道后，才会对您放心，您也就能保存全家了。"

萧何听从建议，纵容奴仆以低价强行购买了大片土地，弄得民间怨恨之声不绝于耳。刘邦平定了英布，班师回朝时，竟有民众拦截刘邦御驾，向其状告萧何强占民田民宅。稍一统计，状告萧何的竟有上千人。刘邦回到宫中，萧何觐见。刘邦拿着状告萧何的名单，笑着对他说："身为相国，竟然与民争利。"遂将状告萧何的文书全给了萧何，对他说："你自己看着办吧。"

萧何将强占的土地房屋全部还给了民众，于是民众纷纷赞扬刘邦为民做主，对萧何的议论也渐渐平息了。萧何主动送给了刘邦把柄，实际上是主动削减自己的权威，增加刘邦在民间的影响力。然而，对刘邦来说这还不够，只有将萧何打倒一次，才能达到削弱相权、增加君权的目的。

先秦时宰相同样有封地，和君王一样世袭罔替。所以君和相能各司其职，和平共处。到了汉朝，为了维系刘氏宗族对王朝的统治，就必须削弱诸侯王的势力。在外拥有封地和军队的诸侯王是刘邦的心腹大患，在内统领百官、治理万民的丞相就成了帝国的主要隐患。只有真正削弱萧何的权威，刘邦才能安心。

有一次，萧何视察民情，发现原秦朝的皇家园林上林苑土地肥沃，但是荒芜很久了。上林苑地跨长安、咸阳、周至、户县、蓝田五县县境，纵横300里，有霸、产、泾、渭、丰、镐、牢、橘八水出入其中。其中既有山川风景，又有亭台楼阁。其中著名的阿房宫就是上林苑的前殿。杜牧在《阿房宫赋》中写道："覆压三百余里，隔离天日。"实际上指的就是上林苑。但是上林苑还没修建完成，就被项羽烧成了一把焦土。萧何觉得非常可惜，却怎奈上林苑已经衰败荒芜，不能作为皇家园林了，不如分给民众，使民众耕种，以发展生产。事涉皇家园林，萧何不敢自专，于是上书刘邦，请求开放上林苑。萧何在上表中写道："长安地少，不足以供养百姓，且人口日益增多。上林苑中土地肥沃，废弃良久，请求将其中的空地开辟成良田，供民众开垦。可以种植粮食供养百姓，还可以收取槁草，以为兽食。"

请求开放废弃的上林苑，本就是相国之责，无可厚非。刘邦见到萧何的上书却勃然大怒，道："相国一定是接受商人的贿赂，才向我请求开放上林苑!"

于是下令,将相国萧何逮捕,并戴上刑拘,关押了起来。萧何虽然事事小心,但是刘邦一心想要削弱他的权柄,甚至不惜用这种臆测之辞逮捕他。萧何被关押后,群臣议论纷纷,但都不敢直言,他们都看出了其中关键。

数日之后,一个王卫尉侍奉刘邦。这名王卫尉向刘邦道:"相国有何大罪,为什么忽然下狱?"

刘邦道:"我听说李斯为秦相时,有功归主上,有恶归自身。如今相国受商人贿赂,向我请求开放上林苑,这是向百姓献媚。所以我将他关押了起来,并无不妥。"

王卫尉道:"臣听说,百姓足则君王足。如见相国为百姓着想,请求开放上林苑,正是宰相的职责,陛下为什么怀疑相国收受商人贿赂呢?当年陛下亲自率兵击楚,又率兵讨伐陈豨、英布,丞相坐镇关中治理天下。如果相国有异心,在那时兴兵反叛,占据关中,陛下将何以自处?相国心系陛下,使族人追随陛下征战,又散尽家财以为军资,又怎么会贪图商人财物呢?况且秦帝王不知闻过,所以丢掉了天下。李斯将恶名归于自身,又怎么能够效法呢?陛下实在是误会相国了。"

听了王卫尉的话,刘邦自知以此难以服众,况且打压萧何的目的已经达到,便下令释放了萧何。

萧何年事已高,平时恭谨谦让,一出狱门,便以罪人打扮、赤着双脚求见刘邦谢罪。刘邦对萧何说:"相国不要这样!相国为了百姓请求开放我的上林苑,我没有答应,不过和夏桀、商纣一样,而相国却是贤相。我关押了相国,想让百姓知道我的过错。"

刘邦虽然释放了萧何，但是话里有话，点明上林苑是皇家林园，是他自己的私产，虽然萧何是丞相，但不应该碰触他的私产。通过这件事，刘邦向朝野发出了一个清晰的信号："萧何虽然贵为相国，但仍是我的臣子，我想关押他，就能关押他，甚至随时可以处死他。"

此事过后，萧何比以往更加谨慎了，而刘邦也达到了打压相权的目的。

国之根基

太子被称为"国之基"，太子地位稳固，国家就不会乱；太子的地位受到影响，国家的未来就可能出现动乱。秦朝灭亡，很大一个原因就是秦始皇不喜欢太子扶苏，这才使得权臣和幼子趁机夺取了天下权柄。刘邦同样面临着继承人的问题，虽然早在汉二年（前205）刘邦便立嫡长子刘盈为太子，但是在其晚年时却动了废立太子的心思。刘盈生性仁慈软弱，其性格和刘邦大相径庭。刘邦并不喜欢这个孩子，认为他不能肩负继承帝国的使命。

在楚汉战争中，刘邦带回一个绝色女子，将其封为戚夫人。戚夫人生有一子，取名如意。刘如意性格很像刘邦，虽然被封为赵王，但是仍留在刘邦身边。刘邦一直想废掉太子刘盈，立赵王如意为太子。因此在刘邦晚年之时，废立太子成为宫廷和朝堂中的一件大事。

刘邦吸取秦帝国灭亡的教训，认为秦亡国就是因为没有对其宗室进行分封，以致国家有事，无人救援。于是刘邦大肆分封同姓诸侯王，以拱卫皇室。此时的刘姓王侯还没有成长起来，甚至除了齐王刘肥，其余都还年幼，暂时还起不到拱卫皇室的作用。这场太子之争，实际上成了刘邦和朝中大臣之争。

刘邦曾在朝堂上提出要废掉太子，大臣们纷纷反对。御史大夫周昌听出刘邦有废立太子的意思，愤然直谏。这人口吃严重，愤然道："臣口不能言，然臣期期知其不可；陛下虽欲废太子，臣期期不奉诏。"这里的"期"是决定的意思，本来只要说一次就可以了，但是口吃的周昌连说两次，盛怒之下，说话更是不流利。周昌威望极高，又有监察天下及百官之职，即便是刘邦也有点忌惮他。周昌弄得刘邦都笑了，只好作罢。更重要的是，周昌的态度就是很多大臣的态度，强行废立太子，群臣也不会奉诏。

废掉太子，影响最大的就是吕后了。所谓母凭子贵，如果太子刘盈被废，又将置吕后于何地。况且吕后素有野心，想在将来借儿子之威操持天下权柄。如果太子被废，不但一切成空，甚至将来会有灭族之祸。群臣议论之时，吕后在东厢房全听到了。见到周昌，吕后向其跪谢道："要不是您，太子就要被废了。"

这件事之后，吕后面临着巨大的危机。有人对吕后说："张良素来善于谋略，皇上非常信任他。"于是吕后派遣吕泽去请教张良。

吕泽对张良说："您曾经为陛下谋臣，如今陛下要废立太子，您难道无动于衷吗？"张良说："当初陛下多次处于危难之中，用我的计策得以脱险。如今天下已定，因个人好恶更换太子，是父子间的事情，纵使100个我也没有用处。"吕泽不依不饶道:"请您一定给出个主意。"张良道:"这件事以口舌之争是没有用的。陛下欣赏而不能招至的有四人,这四人年纪已老,但是觉得陛下轻士善骂,因此逃匿山中,不肯出仕,但是陛下非常看重这四人。如果备下财物,使太子修书,使辩士邀请,就能请其出山。让他们和太子一起入朝,陛下必然询问,陛下知道是这四位贤臣,一定能为太子助力。"

于是吕后命令吕泽带着太子的书信,备下厚礼迎接此四人。这四人见太子书信恳切,又有诸多礼物,便以为得遇明主,于是跟随吕泽来到了长安,暂住在建成侯吕泽的居所。

汉十二年(前195),刘邦平定英布叛乱,引兵回到了长安。此时的刘邦已经身染重病,自知所剩时日不多,反而更想立赵王如意为太子。留侯张良向刘邦进谏,请求不要废掉太子。刘邦不听,张良无奈称病不再视事。

太子太傅孙叔通反对废立太子,于是入宫向刘邦谏道:"晋献公宠爱骊姬,于是废掉太子申生,引得晋国大乱数十年。秦始皇疏离扶苏,以至亡国灭种。古时更易太子,莫不使社稷败坏。今太子仁孝之名,天下皆知,无故而废,恐天下人不许。如果陛下坚持废嫡长子,立少子,臣唯有引颈明志,血涂未央宫,以尽人臣之分。"

刘邦见孙叔通如此坚决,只好对他说:"您误会我了,我是不会废掉太子的。"

孙叔通得到刘邦的承诺,才满意而归。虽然给了孙叔通承诺,但是刘邦仍千方百计地想要废掉太子刘盈。

不久,刘邦大宴群臣,太子刘盈在侧侍奉刘邦。只见在太子身后跟着四位 80 余岁、须发皆白的老人。群臣遇到这四位老人，谁也不敢托大，莫不行礼。刘邦见到这四位老人，奇怪道："这些是什么人呢？"

四位老人向前行礼，报出了自己的姓名，分别是东园公、用里先生、绮里季、夏黄公。刘邦听闻是自己久求不来的商山四皓，不由大惊失色，道："数年间，我屡次派人请求你们出山，都被拒绝了，如今怎么会同我儿子一起呢？"

商山四皓道："陛下轻慢士人，常常辱骂君子，我等不堪受辱，所以藏匿而不出仕。如今听闻太子为人仁义纯孝，恭敬爱士，天下士子无不甘心引颈为太子去死，所以我等愿意追随太子。"

自己屡次请商山四皓出山而不得，如今他们四人竟追随自己的儿子，刘邦不由得暗中叹息，只好向他们说道："那就拜托你们护卫太子到最后吧！"

四位老人年纪太大，很快就向刘邦告辞。刘邦准奏后，目送他们离去。随即他召来戚夫人，指着四位老人的背影叹息道："我想换掉太子，但是有这四位辅佐，太子羽翼已成，难以更换了。如今吕后就是天下的主人了。"戚夫人闻听此言，不知如何是好，不觉眼泪流了下来。刘邦对她说道："你为我跳支楚舞吧，我为你唱支楚歌。"

戚夫人含泪起舞，只听刘邦唱道："鸿鹄高飞，一举千里。羽翮已就，横绝四海。横绝四海，当可奈何！虽有矰缴，尚安所施！"

这首歌说的是雏鸟已经长成，羽翼丰满，四海遨游，纵然有弓箭，也难以将之射杀。刘邦连唱数遍，戚夫人更是不断流泪。刘邦离开后，从此不再提废立太子的事。

在这场宫廷内斗中，太子险些被废，但是在群臣的支持下，太子有惊无险地渡过了危机。这件事说明，即便是天子家事，群臣也可以通过自己的意志改变皇帝的想法。对于刘邦来说，最看重的是自己的权力能不能顺利地交接到刘氏后人手里。如果刘氏宗族完全成长起来，自然不需担心。然而太子懦弱，刘姓诸王羽翼未丰，可想而知太子继位，天下权柄将落入吕后手里，这是刘邦所不愿见到的。奈何刘邦已经身染重病，无力实现自己的意志了。

对于萧何来说，太子刘盈继位无疑是最理想的。刘邦南征北战，很少坐镇关中，这些年从来都是萧何辅佐太子刘盈镇守关中。甚至可以说，太子是萧何看着成长起来的。萧何对吕后也并不反感，对于吕后专权，萧何并不担心，无论怎样，治理国家的重任还是要落到相国的肩上。吕后帮助刘邦灭掉了许多对大汉王朝有威胁的有功之臣，这些事多少都有萧何的参与。萧何和吕后最典型的合作，就是一起灭掉了军事才能无与伦比的韩信。所以萧何相信，他们仍旧能继续合作下去。

萧何的追随者

汉十二年（前 195）三月，刘邦已经病倒数月了，而且病情日益加重。吕后遍访名医，为刘邦医治。

刘邦问名医道："我的病可以医治吗？"

名医道："无妨，可以医治。"

刘邦骂道："我以布衣之身，提三尺长剑，取得天下，如今一病至此，岂非天命？我命由天，纵然是扁鹊再生，也没什么用，何必说还能治愈呢？"

说完，命人赏赐这位名医 50 斤金，并要求不要为难医生，命其退下，不再医治。

刘邦自知时日无多，为了刘氏江山，他需要再做一次布置。于是他召集群臣和各路诸侯，牵来一匹白马，在群臣面前杀掉白马，与群臣诸侯立下盟誓："国以永存，施及苗裔。非刘氏而王者，天下共击之，若无功上所不置而侯者，天下共诛之。"

前一句的意思是，只要大汉不灭，有功之臣的后代就能享受福泽。后一句的意思是，只有刘氏宗亲才能被封王，否则天下人都要攻击他。没有军功不得封侯，否则人人都可以将其诛杀。

这就是大汉王朝赫赫有名的"白马之盟"。白马之盟对巩固刘氏宗族的地位、打击异姓诸侯和权臣的势力以及制约外戚，起到了非常大的作用。

白马之盟后，刘邦已经难以理事，这个起于布衣的天子，很快就要回到父亲的怀抱了。在刘邦弥留之际，吕后服侍在侧，问刘邦道："陛下百岁之后，萧相国去世后，该由谁来代替他呢？"

刘邦道："曹参可以。"

吕后又问："曹参之后呢？"

刘邦道："王陵可以。但是王陵愚直，不能独任，陈平可以辅佐他。陈平智慧有余，但是难以独任。周勃朴实少文，日后安刘氏者，必勃也，可以当太尉。"

吕后还要问及后人，刘邦道："后面的事，恐怕非你能知了。"

刘邦驾崩后，太子刘盈继承皇位，是为汉孝惠帝。萧何继续以相国的身份辅佐惠帝，调理阴阳，治理天下。

经过长时间的战乱，天下民不聊生。到了孝惠帝时，天下已定，正是到了休养生息、恢复生产的时候了。然而萧何已经年迈，无力担负起治理帝国的重任了。

惠帝二年（前193）萧何病重，已经不能理事了。孝惠帝亲自到相府去探望，见到萧何病入膏肓，已经无药可医，想到萧何这么多年来为了大汉鞠躬尽瘁，不禁悲从中来。但是他仍要以国事为重，问道："您百年之后，谁可以代替您呢？"

萧何道："知臣莫如主上。"

孝惠帝想起刘邦临终时的话，问道："曹参怎么样？"

萧何挣扎着起身，顿首道："陛下所见极是，臣死而无憾了。"

惠帝二年（前193）七月，萧何病卒，谥文忠侯。他曾告诫家人道："后世子孙贤达，则学我节俭。如若不贤，也定会为强势家族所夺。"

后世子孙牢记其教诲，因此世代封侯。

萧何去世，曹参代替萧何成为新的帝国丞相。他们两人本来是亲密的战友，但是在争功劳第一的过程中，军官支持的曹参败给了刘邦和文臣支持的萧何，他们之间因此产生了隔阂。萧何在临死前释然了与曹参之间的矛盾，推荐曹参为相，因为他知道，曹参的政治理念才是最适合这个帝国的。

曹参成为帝国宰相后，并没有所谓的"新官上任三把火"，甚至没有任何新的政令，只是要求沿袭萧何制定的制度。其上任后，无所事事，日夜饮酒，不理政事，甚至重用拙于言辞的稳重长者为丞相吏，排斥言辞深刻、想建功立业的官吏。在曹参的治理下，实际上萧何的许多法规已经无法有效实施了，而这正是他的目的。整日饮酒作乐，绝非萧何制定的制度，表面上萧规曹随，事实上则是通过清静无为扭转了萧何时期的"法"制倾向，使汉王朝走向政令宽松的新路。

惠帝不明曹参的所作所为，只知他一味玩乐、不理政务，以为他看不起自己，于是对曹参的儿子曹窋说："你回家之后，私下问你父亲'高帝刚刚弃群臣而去，新帝年纪尚轻，您贵为丞相，整日喝酒，无所事事，用什么来治理天下呢？'不要告诉他是我说的。"

曹窋休假时回到家中，按照孝惠帝的话询问曹参。曹参听后大怒，打了曹窋200下，对其道："侍奉好陛下即可，天下大事，你懂什么？"

待到上朝时，惠帝责备曹参道："您为什么打曹窋呢？他说的话是我授意的。"

曹参听到这话，摘下帽子，顿首谢罪，又对惠帝道："陛下自认为比高帝如何？"

惠帝道："朕不敢追赶先帝。"

曹参又道："陛下看臣与萧何，谁更高明呢？"

惠帝道："似乎不如萧相国。"

曹参对惠帝道："陛下所言极是。高帝和萧何平定天下，制定法令，如今陛下垂拱而治，参等谨守职责，不使有失，不也很好吗？"

惠帝道："所言有理，您回去吧。"

此后曹参继续饮酒作乐，不理政事。然而天下太平，物产渐丰。曹参为相三年，去世后百姓歌颂道："萧何为法，若画一；曹参代之，守而勿失。载其清净，民以宁一。"

经过长时间的征战和建设，人民已经疲惫不堪，这时候，严明的法令并不一定能达到好的效果。曹参将其奉行的黄老无为之治带到了朝堂之中，看似是对萧何路线的继承，但是其统治本质已经发生了很大变化。

任何政令和行政措施，只有严加督责，才能贯彻实施。萧何沿袭秦律，实际上就是以法令来整肃官吏。只有强有力的手段才能形成从上而下的督责，因此萧何才能在动乱中既满足战争的需要，又建设起庞大的都城长安。

曹参的无为而治，与民休息，并不是对萧何的全盘否定，而是对萧何的政治制度在继承中有所修订。此后黄老之学，在汉朝兴起，为汉王朝的财富积累发挥了积极作用。

萧何在秦时不过是个刀笔小吏，并没有特殊的地方。沛县起兵之后，辅佐刘邦建立了大汉王朝，功劳第一。在建立汉王朝的过程中，萧何对秦制度进行了继承和发展，使社会发展更进一步。从这个角度来看，萧何不愧为"万世之功"。西汉末年，汉成帝续封功臣后代，其他开国元勋的后代都不再加封，唯独加封了萧何的后代，这也说明了萧何的功绩之高。

第二篇
周勃、周亚夫
——父子为相

封侯拜相，位极人臣，是每个人的梦想。当这梦想在两代人身上实现时，足以令人艳羡不已。然而当得知他们的结局之后，又不得不令人唏嘘动容。

周勃凭借铲除吕后之功登上丞相之位，但这位忠厚耿直的丞相，似乎难以胜任自己的职责，最终黯然回到封地。这样的结局对于一般人来说可以忍受，然而对周勃来说，无疑是一种煎熬。周亚夫的能力甚至比父亲还要强，但是正因如此，当他的势力足以动摇皇帝的权威之时，悲剧也就降临到了头上。

第一章
绛侯周勃

　　如果没有意外，周勃就会像其他农民那样，在一个没人知道的地方终老，最后化成一堆白骨。时代的巨变，将其推上了历史的舞台。刘邦去世后，国家的权柄被吕后所掌握，刘氏子弟被打压，甚至被残忍地杀害。刘邦把"安刘氏"的使命寄托在了周勃身上，周勃将要面对的是拥有兵权和政权的吕氏外戚势力。

　　覆灭吕氏和迎立文帝的功劳，让周勃登上了丞相之位。然而这对权臣来说，并不是一件好事。能够铲除吕氏，自然也能够铲除文帝。功劳成就了周勃，同样也毁掉了周勃，即便回到封地闲居，也不能让皇帝断了猜忌，这或许就是功臣的宿命。

将相无种

先秦时期，不但诸侯世袭，朝中大臣同样世袭，所以丞相一族代代为丞相。天下一统之后，朝中官职不再世袭，皇帝拜贤明之臣为宰相，出现父子都为宰相的情况可谓极少。西汉只有周勃、周亚夫父子，先后担任国家宰辅，可谓盛极一时。

父子二人境遇颇有相似之处，两人都是武将出身，都手握雄兵，都曾贵为掌握天下兵马的太尉之职，都有拨乱反正之功，又都成为丞相，后来都被排挤出了核心权力圈，周勃郁郁而终，周亚夫却被逼自刎而亡。他们的相似遭遇如果出在一朝，可以视为皇帝残暴。然而相隔数十年，皇帝不同，身处的环境也不同，却有相似的遭遇，这就值得玩味了。

先看周勃的人生历程，这是一个"王侯将相，宁有种乎"的故事。他的祖先是卷县人，后来迁居沛县。周勃靠为别人编蚕箔维持生计，有丧事的时候还会负责为其表演吹箫，以获取报酬。虽然生活困苦，但是他生得人高马大，身长9尺，比常人要高一头多，并且浓眉大眼，相貌堂堂，还善于骑马射箭。

周勃和刘邦不但是同乡而且关系极好，秦末天下大乱，刘邦在沛县起义，周勃就是其主要帮手之一。周勃以刘邦中军亲近侍从的身份，跟随刘邦攻打胡陵，打下方与。又攻打丰邑，在砀郡打击秦军并攻破城池。在攻占下邑时，他冲锋陷阵，率先登城，高祖赐给其五大夫的爵位。攻取蒙邑、虞县，平定魏地，进攻爰城、东缗，直达栗县，都各个击破。攻打啮桑，周勃又是最先登城。在东阿城下大破秦军，又追击至濮阳，攻下了甄城。攻打了都关县、定陶，袭取宛朐，活捉了单父的县令。夜袭，再进攻张县，其军队作为先锋到达卷县，攻破城池。打击李由军，在攻打开封的战役中，他的军队表现最为出色。后来秦将章邯击败项梁，刘邦与项羽引兵东去。一年二月，楚怀王封刘邦为安武侯，担任砀郡长官，刘邦拜周勃为虎贲令。因随刘邦打击王离、赵贲等人的军队，攻城略地，直至蓝田，进军咸阳，灭亡秦朝。

项羽入咸阳封刘邦为汉王，汉王赐周勃为武侯。入汉中后拜为将军，随韩信平定三秦，以怀德县为食邑。周勃先攻槐里、好畤；然后北击赵贲、内史保于咸阳；击章平、姚卬军；西定汧，还攻下郿、频阳；围章邯于废丘；西击益已军；攻上邽；东守峣关。周勃在这一系列的作战中总是当先破敌。

后来转而攻击项羽，先留镇峣关重地，后率军投入成皋主战场，也总是奋勇当先。汉高祖五年（前202），率军攻取泗水、东海两郡，共拿下22个县，并守雒阳、栎阳，赐予颍阴侯灌婴共食钟离。正是由于周勃在刘邦起义以来的浴血奋战，功勋卓著，特别是后来在随高祖打击燕王臧荼的反叛过程中，功劳最大，所以在高祖六年（前201），赐给周勃列侯的爵位，享有绛县8180户的食邑，号称"绛侯"。

周勃这人不喜好文辞学问，每次召见儒生和游说之士，他都向东坐，这是长辈或尊者坐的位置。非但如此，他还常常责令他们道：

"你快点对我说。"他就是这样一副朴质少文的样子。正因周勃为人质朴刚强、老实敦厚,因此刘邦认为可以委任给他大事。

汉十二年(前195),燕王卢绾反,刘邦命樊哙率兵万人征讨卢绾。此时,刘邦已经行将就木,他最担心的不是卢绾反叛,而是吕后在他死后趁机夺取刘氏权柄。这时有人向他进言道:"樊哙是皇后妹夫,与吕后结为一党,听闻他们暗中谋划,待陛下百岁之后,兴兵作乱,想要尽诛戚夫人、赵王如意等人,不可不早做打算。"

刘邦不禁大怒,暗忖吕后所作所为,是有可能做出这些事的,于是下令召见陈平、周勃。刘邦躺在床上,对他们说:"樊哙和吕后密谋在我死后作乱,且望我速死,实不可忍。你二人快马加鞭,速斩樊哙。"两人满脸震惊,面面相觑,不知该说些什么。

刘邦对陈平道:"你将樊哙首级取来见我。"又对周勃道:"你持我兵符,代替樊哙为将,统帅大军,务必征服燕地。"

两人见刘邦大怒,且病情极重,不敢忤逆他的意思,只好答诺领命。但是他们知道如果真按刘邦的意思办,恐怕就要大祸临头了。

在去燕地的路上,陈平对周勃说:"樊哙是陛下至交好友,功劳甚多,更是吕后妹夫。陛下要诛杀樊哙,切不可由我们动手,只需将樊哙缉拿,押解到长安由陛下定夺,你看怎样?"

有些话陈平无法说出口,樊哙是吕后妹夫,自然是吕后一党。如果诛杀樊哙,待到刘邦百年之后,太子刘盈登基,吕后掌权,定会迁怒于他们二人。周勃虽然朴实,但是也知道其中的利害,便答应道:"你所言极是,就这么办吧。"

卢绾并不想与汉军作对,听闻樊哙带兵前来围剿,只带着数千人及家眷前往长安城躲避。他本打算暂避锋芒，等刘邦痊愈后再入朝谢罪，但是收到刘邦驾崩的消息后，自知没有与汉和解的可能，只好投奔匈奴。匈奴单于将之封为东胡卢王，后来，卢绾的孙子卢他之以东胡卢王的身份向汉投降，景帝将之封为亚谷侯，这是后话。

樊哙还未到燕地，卢绾便已经遁去。樊哙坐镇大营军帐之中，忽有使者来报，有陛下谕旨，让他到营地数里外接旨。听闻是陈平和周勃前来传旨，樊哙不疑有它，穿戴整齐，备好仪仗，出营接旨。

陈平见到樊哙，宣读刘邦谕旨，不等读完，便命令武士将之绑缚起来。樊哙大惊失色道："不知我樊哙犯了什么罪，竟劳先生亲自来捉拿我？"

陈平道："陛下命我前来将你处死，带人头回去。念你劳苦功高，恐陛下一时有误，所以押你回长安由陛下亲自定夺。有什么事，和陛下去说吧。"

樊哙道："多谢先生，大营之事怎么办？"

陈平道："无须担心，周勃已经接管大营了。"说完便带着樊哙回长安了。

樊哙刚出大营，周勃便带着军符和诏令快马驰入汉军营中。周勃召集营中将领，向他们出示兵符宣读圣旨。将士们虽然不知为什么临阵换将，但是周勃极有威望，无人敢不从。虽然没有樊哙与之交接，但周勃也很快掌握了汉军。

妥善安排之后，周勃率领大军攻下蓟县，活捉了卢绾的大将抵、丞相偃、郡守陉、太尉弱和御史大夫施，更是一举占领了浑都。在上兰打破卢绾军队，又在沮阳击溃卢绾大军，一直将之追到了长城边上。

周勃所向披靡，平定上谷郡12个县，右北平郡16个县，辽东、辽西两郡29个县，渔阳郡22个县。很快燕地全部到了周勃的手里。

周勃在平定燕地的过程中，刘邦就驾崩了。刘邦临终前交代后事，吕后问："陛下百岁之后，萧相国去世后，谁人能代替呢？"

刘邦道："曹参可以。"

吕后又问："曹参去世后，谁人可代？"

刘邦道："王陵可用。但是王陵愚直，不能独任，需用陈平为助。陈平智慧有余，厚重不足，需要周勃协助。周勃朴实少文，欲安刘氏，非周勃不可，可以任用其为太尉。"

吕后还要问后面的安排，刘邦道："以后的事恐怕就不是你能知道的了。"

在这次对话中，刘邦已经对周勃做了安排，那就是任用周勃为太尉，并且对他寄予厚望。周勃也没有辜负刘邦的信任，在后来成为兴刘氏的关键人物。

残酷的女人

陈平与周勃分别行动,他押着樊哙回长安。还没有到达长安,他便得知刘邦已经驾崩。陈平闻言,快马加鞭,急忙回到了长安。入都之后,来不及停留,直接换素服进入宫中,在刘邦灵柩前跪下,且拜且哭,泪如雨下。

吕后见陈平来晚了,不知何事,便问道:"您怎么现在才来?"

陈平道:"臣奉诏斩樊哙,刚入关便听闻不幸,是以来晚了。"

吕后听后大惊道:"樊哙呢?"

陈平道:"臣以为樊哙功劳甚大,无罪而斩,恐非上意,故而将之押解来京,听从发落。怎知陛下已经去了,是以臣先行,樊哙不日便可进京。"

吕后闻言,松了口气。处置樊哙之事,自然不了了之。

当周勃平定燕地归来之时,刘邦已经去世多时,吕后已经掌权。

吕后为人刚毅果断,在刘邦平定天下的过程中功劳颇丰。她的两位兄长都因战功被封列侯,手握重兵。其长兄吕泽被封为周吕侯,次兄吕释被封为建成侯,其父吕公被封为临泗侯,高祖时吕氏被封侯的就有3个人了。其羽翼逐渐丰满后,已经拥有了总揽大权的倚仗。

惠帝登基后,吕后成为吕太后。为了报复当初刘邦想要废掉太子刘盈而立戚夫人之子赵王如意为太子之事,她将戚夫人囚禁在永巷中。戚夫人被剃去了头发,用铁圈束颈,命令她舂米。

戚夫人在舂米时唱道:"子为王,母为虏,终日舂薄暮,常与死为伍!相离三千里,当谁使告女(汝)?"

吕太后听后大怒,道:"难道是想倚仗他的儿子吗?"于是将赵王如意从其封地召至长安,趁惠帝不在时将其毒杀。赵王如意死后,戚夫人的灾难来临了。吕太后将戚夫人的双手和双脚砍掉,挖掉其眼睛,用铜汁注入耳朵使之失聪,喂其哑药使之不能发声,将她放在地下室中,称之为"人彘"。

几个月之后,吕太后命人带惠帝去看"人彘"。惠帝只见一个四肢被砍、眼睛被挖、耳朵流血、口不能言、脸被划花的怪物,吓得险些跌倒,便问道:"这是什么东西?"侍者不敢不说,道:"戚夫人。"惠帝闻言,大哭不止,更因此病倒,一年多不能起床。

惠帝派人对吕太后说:"这样的事不是人能做得出来的。臣是太后您的儿子,不能治理天下了。"此后整天饮酒作乐,不理政事。在惠帝七年(前188)驾崩,死时年仅24岁。

在惠帝驾崩前一年,也就是惠帝六年(前189),周勃被任命为太尉,统领天下兵马。虽然汉朝官职立有太尉一职,但直到惠帝六年(前189)才有人任职,周勃是汉朝的第一任太尉。

惠帝驾崩后,在丧礼上吕太后的哭声非常大,但是不见眼泪流下来。有人对左丞相陈平说:"太后只有惠帝一个儿子,但是惠帝驾崩,太后哭而不伤,您知道为什么吗?"陈平问:"为什么呢?"这人道:

"陛下没有成年的儿子，太后是怕你们呀。您可以向太后奏请封吕台、吕产、吕禄为将军，统领护卫长安的南北军。并奏请将吕氏族人都请进宫中用事，则太后心安，你们就没有祸患了。"

陈平依计行事，吕太后非常高兴，哭的时候才悲伤起来。吕氏拥有权柄，也是从这个时候开始的。这年九月，太子即位，大赦天下，然而，一切政令则都由吕太后所出。

吕太后称制后，想要立吕氏族人为王，问右丞相王陵。王陵道："高帝立白马之盟说'非刘氏而王，天下共击之'，如今立吕氏为王，与约定不符。"太后非常不高兴，又问左丞相陈平和太尉周勃。

周勃对太后道："高帝平定天下，立诸子弟为王。如今太后称制，封兄弟为王，并无不可。"

太后对周勃的回答非常满意。退朝后，右丞相王陵对陈平和周勃道："高帝立白马之盟时，难道你们不在吗？如今高帝驾崩，太后称制，你们阿谀纵容太后的意思，死后有何面目见高帝？"

周勃答道："如今在朝廷上与太后争执，我不如您。以后安定社稷，立刘氏之威，您不如我。"

王陵听后无言以对。这年十一月，吕后拜王陵为皇帝太傅，剥夺其相权，王陵因病离开朝廷。陈平代替王陵的职位，成为右丞相。

随后，吕后杀高祖子赵幽王刘友、赵共王刘恢和燕灵王刘建子，立周吕侯之子吕台为吕王、吕台之弟吕产为梁王、建城侯吕释之子吕禄为赵王、吕台之子吕通为燕王，又封诸吕六人为列侯，追封太后父吕公为吕宣王、兄周吕侯为悼武王。通过铲除刘氏诸王和分封诸吕，吕后势力不断扩张。甚至在公元前184年废掉了不合心意的前少帝刘恭，并将其处死，立惠帝之子刘弘为帝。

吕氏日盛则刘氏日衰，但是刘氏子孙唯恐大祸临头，没人敢忤逆吕后，唯有朱虚侯刘章是个例外。刘章是汉高宗刘邦的孙子，刘邦庶出长子齐悼惠王刘肥的次子，被封为朱虚侯。他生得仪容俊美，气宇轩昂，而且力气很大。吕后非常喜欢他，还将赵王吕禄的女儿许配给他。吕禄得此快婿，也是非常欣慰，对其另眼相待。然而，刘章虽然明面上和吕氏亲近，但是暗地里却一直想复兴汉室。

高后（后）六年（前182），吕后在宫中置办酒宴，与会者不下百人，半数是吕氏族人。吕后见刘章在侧服侍，便令他做酒吏，使他监酒。此时刘章还不到20岁，年轻气盛，对吕后说道："臣是军人出身，臣为酒吏，则依军法处置。"吕后以为他年轻好玩，便同意了其请求。

酒过数巡，众人都带了几分酒意。刘章道："臣请献歌舞，以助酒兴。"吕后自然准奏。只听刘章唱道："深耕灌种，立苗欲疏。非其种者，锄而去之。"

吕后及众人都听出了其歌中的含义，明是歌咏农人耕田，实则暗讽吕氏。不过吕后只以为他年轻气盛，并未诘责，其他人也不好说什么。

有一个吕氏子弟，不胜酒力，还不到散席便私自离开。刘章见到后，二话不说，快步追去，拔出佩剑大喝道："擅自离席，自当军法从事。"说着，手起剑落，将那人的头颅砍下。

刘章若无其事，向吕后回禀道："有一人擅自离席，臣依太后谕旨，已经将其军法从事。"

众人听闻，无不大惊，吕后也不禁动容。刘章依法从事，无可指责，吕后也不能指责他杀人。此时酒宴已经无法继续，只好散席。

诸吕见刘章勇猛，都惧他三分。此事不但震惊长安，更是震动了整个天下。周勃等人纷纷自忖，铲除诸吕的时间不远了。

诸吕的末日

周勃和陈平虽然同列三公，但是关系并不融洽。早在刘邦时期，周勃就曾弹劾陈平受贿。刘邦驾崩后，吕后掌权，周勃掌军事，陈平掌政务，两人都是权倾天下，更是不敢亲近，以致越来越生疏。

然而铲除诸吕，必须朝臣齐心合力方可。刘章酒宴杀吕氏子弟后，朝中一些大臣便起了异样心思，其中就有大中大夫陆贾。陆贾学识渊博，多有建树，是汉朝开国名臣。他意识到吕氏外戚当朝，必不能长久，但是想要匡扶汉室，必须要太尉周勃和丞相合作才行。

此时陆贾已经年迈辞官，整天到各大臣府邸找昔日同僚喝酒谈天。实际上则是希望联合众人，共举大事。陆贾找到了周勃和陈平，向他们说了自己的想法，并让他们重归于好，这为日后平定诸吕之乱奠定了基础。

虽然周勃和陈平重归于好，但是在明面上仍然互相作对，只有这样才能取得吕后的信任。周勃和陈平联合起来的力量过于强大，就连吕后也不得不忌惮，只有他们不和，吕后才能对他们放心。他们只是在静静等待机会，只要诸吕露出破绽，就可将其一举歼灭。

高后八年（前180）三月，大汉王朝的统治者吕雉乘坐凤辇，率领文武百官，到长安城东侧的灞上祭天。在回城的时候，不知哪里窜出的一只大狗扑向了吕后，一口咬住了她的腋下。吕后只觉一阵钻心的剧痛，呼喊大汉将军救驾。可是当军士们查看时，大狗已经不知去向。

回到长安城中，吕后马上命人占卜，术士皆道是赵王如意作祟。当年吕后毒杀赵王如意，将如意母戚夫人折磨致死，残忍至极。吕后听闻是如意作祟，惊恐万分，竟一病不起。

吕后自知病重，难以痊愈，于是命吕禄为上将统领北军，吕产统领南军，并吩咐二人道："诸吕封王封侯，大臣多有不平，我若一死，吕氏难安。你二人统领南北军，护卫宫廷，切勿轻出。即便是我出葬时，也不必亲送，如此才能避免被人所乘。吕氏安危，全靠你们二人了。"

吕产和吕禄深知此事事关重大，不敢不从。

吕后大病三月，死在了未央宫。立下遗诏，令吕产为相国，吕后亲信审食其为太傅，立吕禄女儿为皇后。吕后认为吕氏家族掌握了朝政和军权，就能够在接下来的斗争中立于不败之地。

两人谨遵吕后吩咐，吕产在内护丧，吕禄在外巡视。在吕后出葬长陵之时，两人也不去送葬，只带着两军护卫宫廷。此时周勃手中无兵，吕氏严防死守，更是无懈可击，只好等待时机，再行大事。

朱虚侯刘章得知吕产、吕禄谨守吕后遗言盘踞宫禁，暗忖：长久下去，必将生变。长安城中军队都被吕氏掌握，只有从外面发难了。

于是他密令亲吏携带书信，赶赴齐国，面见自己的哥哥亲王刘襄。叫他向长安发兵，自己则在长安城中做内应，成大事之后，可奉其为帝。

刘襄是刘邦的长孙，其父刘肥是刘邦的大儿子。齐国疆域辽阔，人口众多，非常富庶。刘襄得到弟弟的消息后，点齐人马，昭告天下，发兵长安。琅琊王刘泽也举兵，征讨吕氏。

刘襄和刘泽起兵的消息传到长安，吕产、吕禄非常着急，然而两人不能离开京城，于是便命大将军颍阴侯灌婴率领数万大军出击齐兵。灌婴率军到达荥阳后，非但没有攻打齐军，反而派遣使者联系周勃和刘襄，希望助刘灭吕。刘泽得知灌婴屯兵荥阳，便回兵防守本国西部边界，自己则急驰赶到长安。

长安城中，周勃已经和陈平互相谋划，务必铲除吕氏，于是授意灌婴屯留荥阳，按兵不动，以为外援，自己则想办法获取兵权。

陈平想到郦商父子向来与吕产、吕禄交好，于是将郦商邀请到丞相府作为人质，逼郦寄诱劝吕禄，速令其就国。郦寄为了父亲的安危，不得已前往吕禄处，对吕禄道："高帝和吕后共定天下，刘氏立九王，吕氏立三王，经群臣议定，宣告天下，各路诸侯均无异言。如今太后已崩，少帝年幼，您贵为赵王，不就国受藩，却任为上将，统兵留京，难免为人所疑。齐国举事，天下云从，您危在旦夕。不如归还将印，与诸侯立盟，自明心迹。即日就国，齐兵必败。您据地千里，南面称王，万世殊荣，夫复何求。"

吕禄被郦寄的话打动了，如实将他的话转告诸吕，吕氏族人也是犹豫不决。吕禄和郦寄外出打猎，路过吕后的妹妹临光侯吕嬃门前，便去拜访。吕媭按辈分是吕禄的姑母,已经听闻他有归还将印的意思。吕媭见吕禄便一顿痛骂:"你若归还将印,吕氏一族,难逃厄运。"说着将家中珍宝扔置在堂上,愤然道:"家族将灭,这些东西非我所有,留之何用!"

吕禄见姑母不可理喻,赶紧告罪退出。守在外面的郦寄问明情况,故作镇定道:"老人家多虑了,退一步方能天长地久。"让吕媭一闹,吕禄有些犹豫了,索性回到府中,看明情况再做打算。

周勃却已经等不及了,他命郦寄和典客刘揭持自己的符节,强行把将印要了来。持节带着将印赶赴北军营门。周勃召集北军,大喝道:"助吕氏者右袒,助刘氏者左袒!"

北军将士纷纷偏袒左肩,表示助刘。周勃安抚众人之后,派人告知陈平,同时命刘章监守军门,派曹参之子曹窋前往告诉殿中卫尉,不得容纳吕产。

此时,吕产已经进入未央宫,召集南军,准备防御。突然见到曹窋驰入,也想进殿探视,但是殿中卫尉听从曹窋的话,将吕产挡住。吕产见不能进殿,只好在大殿门外徘徊。吕产虽无急智,但是南军仍听其指挥。曹窋见状,也不敢轻举妄动,只好连忙报告给周勃。周勃担心吕产以武力相迫,便派遣刘章率领1000将士入宫,保卫少帝。

刘章入宫之时,天色已晚,只见吕产仍然在宫中徘徊。此时吕产的扈从并不多,刘章心道:"此时不将之铲除,更待何时?"于是率领1000将士,不由分说,上前便战。吕产的扈从急忙迎战,而吕产见状大惊失色,拔腿就跑。扈从见主上逃走,也知大势已去,不肯为之效死力，不一会儿便一哄而散。宫门紧闭，吕产不能出宫，逃到郎中府厕所中，蜷伏成一团。刘章率领将士分头搜捕吕产，不久便被兵士们抓到，绑上铁链，往见刘章。刘章拔出佩剑，一剑击中吕产头部，权倾朝野的相国吕产倒地身亡。

正在此时，一谒者持节而出，称奉少帝之命慰劳军队。刘章便想夺节，谒者不肯给，刘章心想，不如胁迫他同行。于是一把抓住谒者，出未央宫，奔赴长乐宫。长乐卫尉是赘其侯吕更始，此时尚不知吕产已死。见刘章持节而来，便开门出迎。刘章迎头就是一剑，将其头颅砍下。不待谒者说话，抬手举节谎称帝命道："陛下有令，只诛吕氏，不及旁人。"众人见刘章持节，自然听命。

两宫已平，刘章赶紧回报周勃。周勃跃然而起，向刘章行礼拜贺道："吕产掌有兵权，如今吕氏已去，天下可定。"说罢派遣将士，搜捕吕氏族人，无论男女老幼，全部捉拿到军前。

周勃命人将吕后侄子赵王吕禄绑来，一刀将其砍死。吕后妹妹吕嬃信口胡言，周勃命人将其乱棍打死。吕氏数百族人，悉数处斩，吕氏灭族。燕王吕通已经奔燕，周勃派遣使臣，托称帝命，勒令其自杀。左丞相审食其本是吕后死党，理应被处死，但是陆贾为其说情，才得以免死，仍官居原职。

周勃和陈平扫平诸吕，便派朱虚侯刘章赴齐，请齐王刘襄罢兵。同时命人通知灌婴，班师回朝。

刘氏与吕氏之争实际是上层最高统治权之争，吕后对待功臣集团和刘氏宗族未免残忍，但正是吕后保证了在刘邦死后政局的平稳。当时功臣集团势力庞大，唯有吕后能够制衡各方势力，稳定朝局。在其当政期间，基本延续了刘邦制定的路线、方针和政策，使庞大而贫困的大汉帝国能够在稳定中前进。社会生产也在吕后时期得到进一步发展，为文景之治奠定了基础。

安刘之功

琅琊王刘泽得知吕氏尽诛之后，才敢驱车入都。诸吕已除，周勃、陈平及诸位大臣密议善后事宜。听闻刘泽入都，众人都认为他是刘氏宗族中最年长的人，理应邀其共商大事。刘泽入座之后，起初不发一言，只是看着群臣理论。周勃道："吕后所立少帝和济川、淮阳、恒山三王，皆非惠帝遗胤，冒名入宫，得以封爵。如今诸吕尽除，不能再让他姓惑乱宗室。等到少帝长成，你我必被所杀，不如在刘氏诸王中择贤拥立。"

少帝身世，史书上没有过多记载。众人都赞成此番话，只是在立谁的问题上朝臣有所分歧。有人说，齐王刘襄是高帝长孙，应该迎立为帝。沉默的刘泽却不同意道："外戚吕氏危害社稷，齐王母舅驷钧素来暴戾，齐王登基，难免驷钧趁机专权。是去一吕氏，又来一吕氏，是以立齐王不妥。"

周勃和陈平闻听此言，心中一惊，再有外戚专权，先灭的必是他们二人。众人也觉得此话有理，不应立刘襄。众人商议良久，都觉得代王刘恒是合适人选。其一，高祖诸子尚存两王，代王年长，又以仁孝闻名，可担大任。其二，刘恒母薄氏家族，素来仁厚，从未参政，没有后患。决定了人选，周勃和陈平便暗地里派使者面见代王，迎其入京。

代王刘恒见到使者问明来意，又惊又喜，不敢轻易动身，便派遣自己的母舅薄昭入都，问明情况再做打算。周勃盛情款待了薄昭，表明了对刘恒的诚意。薄昭这才报告给代王，安排车驾进京。

刘恒到达渭水桥后，群臣跪拜相迎，交口称臣。刘恒不敢托大，也下车答拜。周勃向前几步，请刘恒屏退左右借一步说话。刘恒随员宋昌在旁边正色道："太尉有话，尽可直说。所言公事，公言便是。所言是私，王者无私。"

周勃被宋昌如此说，也不好意思再说什么，于是跪拜在地，手捧天子玺印，献给刘恒，恭请其登基称帝。刘恒并没有接过来，而是谦逊地说道："此事重大，先到府邸再做商议不迟。"于是周勃手捧印玺起身，请刘恒上车，亲自为向导迎进代邸。

丞相陈平和太尉周勃率领群臣到代邸拜谒，上书劝进："丞相臣平，太尉臣勃，大将军臣武，御史大夫臣苍，宗正臣郢，朱虚侯臣章，东牟侯臣兴居，典客臣揭，再拜言大王足下，子弘等皆非孝惠皇帝子，不当奉宗庙，臣谨请阴安侯、顷王后、琅琊王，暨列侯、吏二千石，会议大王为高皇帝子，宜为嗣，愿大王即天子位！"

刘恒读罢劝进书，对群臣道："奉承高帝宗庙，乃是重事，寡人不才，未足当此，愿请楚王以来，再行妥议，选立贤君。"

群臣叩拜劝进，不肯起身。刘恒起身，向群臣不断行礼，再三辞谢。陈平、周勃等齐声道："臣等几经公议，一致认为现在奉高帝宗庙者，唯大王最为相宜。无论天下列侯万民，无有不服。臣等是为宗庙社稷打算，原非轻率从事。愿大王万勿推辞。臣等谨奉天子玺符，再拜呈上！"

说完，周勃向前捧玉玺呈上。刘恒这才对群臣说道："既内宗室将相诸侯王决意推立寡人，寡人也不敢违众，勉承大统便了！"

群臣再三高呼："恭贺圣上。"代王刘恒随即天子位，号为文帝，史称汉文帝。

刘章的弟弟东牟侯刘兴居进奏道："此次诛灭吕氏，臣愧无功，今愿奉命清宫。"

文帝准奏，命其与太仆汝阴侯夏侯婴同往。二人来到未央宫少帝寝宫，刘兴居对少帝道："足下非刘氏子，不当为帝，请即让位。"夏侯婴挥手让持戟的侍卫退下，但是仍有几个侍卫不肯离开。夏侯婴对剩下的侍卫说道："如今高祖之子代王即位，此少帝非刘氏子，已不是皇帝，你们守在这里想要做甚？"侍卫们听闻此言，面面相觑，只好退下。二人遂将少帝移置少府蜀中，同时逼迫惠帝后张氏移居北宫。

内宫即清，备好仪仗，去代王府迎接文帝入未央宫。这天夜里文帝便搬入宫中，仪仗行至端门，仍有十余卫士手持长戟，护卫宫门。见有文帝摆出天子仪仗，朗声道："天子尚在，足下怎得擅入？"

文帝闻听此言，不觉大惊，急忙命人请周勃前来。周勃闻命，不敢迟留，急忙赶到端门。周勃对持戟侍卫喝道："尔等不知陛下要进宫吗？扔掉兵器，快快避开，饶尔等不死。"侍卫们这才意识到已经帝位易主了，于是丢弃长戟，闪到一旁，恭请文帝入内。

这天夜里，文帝入主未央宫，少帝暴死在少府署中。常山王刘朝、淮阳王刘武、梁王刘太三人年纪尚幼，虽受王爵但未就国，仍然留居长安，是夜这三人同时暴死。少帝和三王是否为惠帝后代，已经无从考证。然而他们暴死，显然是被杀的。无论是否为惠帝子嗣，他们都是帝国高层内斗的牺牲品。如果他们不死，未来不知又生出多少事端，惹得天下不得安宁。

这天夜里，文帝注定不能入眠，他下令任命亲信宋昌为卫将军，统领南北两军，这样就将兵权从周勃手里夺了来。随后他命亲信张武为郎中令，负责守卫宫廷门户，然后行至前殿，居中坐稳，向陈平和周勃下诏："制诏丞相、太尉、御史大夫：间者诸吕用事擅权，谋为大逆，欲危刘氏宗庙，赖将、相、列侯、宗室、大臣诛之，皆伏其辜。朕初即位，其赦天下，赐民爵一级，女子百户牛、酒，酺五日。"

功臣遭打压

汉朝初年,仍以十月为岁首,直到汉武帝太初元年才将一月改成正月作为岁首。公元前180年十月朔(初一),这天是新年之始,文帝率领文武百官拜谒太庙,下令改元是为文帝元年。礼毕还朝,封赏功臣:

周勃率领襄平侯继通持节获得了北军的统治权,这才一举灭吕,功劳第一,封邑万户,赐金5000斤。丞相陈平居中调停,将军灌婴留在荥阳和诸侯合谋诛吕氏,各封邑3000户,赐金两千斤。朱虚侯刘章斩杀吕产,襄平侯继通协助周勃各封邑2000户,赐金千斤。典客刘揭夺取吕禄帅印,被封为阳信侯,赐金千斤。其余诸人,各有封赏。封赏完毕之后,文帝尊母后薄氏为皇太后,派遣车骑将军薄昭赶赴代国迎接其入长安。

文帝下诏追谥赵王刘友为幽王,追谥刘恢为共王,追谥燕王刘建为灵王。三王中只有刘友有子,特许将其封为赵王。琅琊王刘泽改封为燕王。值此,诸吕所占诸国,均为刘氏所有。

吕氏彻底退出了历史舞台,朝堂再次稳定了下来。此时,丞相陈平却称病不朝。文帝准其在家休养。然而当他休假期满后,却上书请求辞职,满朝皆惊。文帝问其缘由,陈平奏道:"高皇帝开国,周勃功不如臣,而今尽诸吕氏,臣功不如周勃。故愿去右丞相一职,请周勃担任,臣方安心。"

文帝听从其奏,拜周勃为右丞相,迁陈平为左丞相。原左丞相审食其被罢免,同时任命灌婴为太尉。太尉之职掌管天下兵马,天下有事,太尉实力甚至要超过丞相。所以在铲除诸吕过程中,周勃起到的作用才会超过丞相陈平。周勃铲除诸吕又有拥立之功,功劳太大,所以不能让其继续掌握兵权。

周勃不明其中的关键,成为右丞相之后,常常面有骄傲色,谁也不放在眼里。文帝对其也是格外礼敬,在周勃觐见告退时,常常目送其离开。郎中袁盎见状,对文帝道:"陛下看丞相是什么样的人?"

文帝道:"丞相乃是社稷之臣。"

袁盎道:"丞相乃是有功之臣,非社稷之臣。古时社稷之臣,必君存与存,君亡与亡。丞相当吕氏擅权时,身为太尉,不能救正。吕后驾崩,诸大臣共谋讨逆,丞相趁机诛灭诸吕。所以说丞相是功臣不是社稷之臣。如今丞相有骄色,陛下谦让,是臣主失礼,私下以为陛下不应该对其如此礼敬。"

文帝听了袁盎的话,默然不语。以后与周勃相见,文帝辞色越来越威严。周勃感觉到了文帝的异样,对文帝也越来越敬畏了。

有一次,周勃和陈平与文帝议事。文帝问周勃道:"朕继位至今,长安有多少诉讼案件?"

周勃摇头道:"臣不知。"

文帝表情严肃了起来,继续问道:"那国家钱粮支出多少?"

周勃顿时紧张了起来,不觉流了一身冷汗道:"臣不知。"

文帝目光严厉，问丞相陈平道："您可知道天下有多少诉讼案件，国家钱粮支出多少？"

陈平不慌不忙地答道："臣也不知，各有其主事者。"

文帝忍住怒气道："谁是主事的人呢？"

陈平道："陛下问诉讼案件，应该找廷尉。问税收钱粮，应该找治粟内史。"

文帝道："所有事都有人做，丞相做什么呢？"

陈平拱手谢罪道："臣惶恐。陛下不知臣驽钝，而已臣为丞相。丞相的职责，对上辅佐天子调理阴阳，以顺四时，对下润泽万物，使其各得所宜。对外镇抚四方诸侯和各族。对内则使百姓亲附，使各级官吏都能各司其职。"

文帝听后大悦道："您真是社稷之臣呀。"

周勃和陈平告退后，周勃对陈平行礼道："您平时怎么不教我呢？"陈平笑道："您居右丞相之位，难道不知道丞相的职责吗？陛下问长安城的案件，为什么要强行回答呢？"

这时有人对周勃说："您灭诸吕、立文帝，居高位、得厚赏，久必有祸。"周勃深以为然，而且自知处理政事不如陈平，不久之后，便向文帝请辞，将右丞相的职位让给了陈平。

汉文帝二年（前178）冬十月，陈平病逝，周勃再次担任右丞相之职。这一月，文帝下达了一份诏书："朕闻古者诸侯建国千余，各守其地，以时入贡，民不劳苦，上下欢欣，靡有违德。今列侯多居长安，邑远，吏卒给输费苦，而列侯亦无由教训其民。其令列侯之国，为吏及诏所止者，遣太子。"

这份诏书的意思是，要求在都城的各诸侯回到自己的封地，在朝中有职位的，则派遣各诸侯王的太子到封地就国。

使各诸侯王就国，实际上是想将他们排挤出都城权力核心，箭头直指各位功臣。此时功高盖主的周勃，已经是文帝的心腹之患。

汉文帝三年（前177）十一月，文帝下诏："前日诏遣列侯之国，辞未行。丞相朕之所重，其为朕率列侯之国。"

这封诏书是说，以前要求列侯就国，但是有些诸侯仍然不走，要求周勃为他们做表率，回到自己的封地就国。这样一来，其丞相职位自然就没了。按照原来的旨意，周勃身居丞相高位，是不需要就国的，只需派遣自己的太子就国即可。但是文帝要求身为百官之首的丞相周勃带头就国，其实就是要削去周勃的权柄，将其逐出京师。周勃明知如此，此时文帝羽翼已然丰满，周勃只好就范，回封地就国。

当年刘邦大封功臣为列侯，萧何居首，曹参第二，张耳之子张敖第三，周勃位居第四。张敖迎娶了刘邦之女鲁元公主，应另当别论。所以实际上周勃功居第三。在功臣灭掉吕氏一族时，萧何、曹参早已去世，周勃又居太尉要职，实际上已经是各位功臣的首领了。陈平在政变中有策划之功，但是出面指挥的却是周勃。因为只有周勃才能策反北军，使其站到功臣一方。

铲除吕氏之后，周勃又说少帝及三王非惠帝子嗣，而其中真相已无从考证。最合理的解释就是少帝是刘氏子，而各位功臣不能让一个亲近吕后的人继续当皇帝，所以必须废掉少帝，重新从刘氏中选一人做皇帝。此时刘氏宗族虽有一定的实力，但是都远离帝国政治中心，况且他们的力量也不足以和功臣相抗衡。因此，以周勃为首的功臣完全可以做出废立之举。

可以废掉天子，选刘氏子为新天子的周勃等人，自然会让文帝刘恒坐卧难安。所以文帝进入未央宫的第一件事就是掌握南北军和宫廷卫士，第二件事就是安抚功臣。

当文帝坐稳皇帝之位后，最迫切的就是打压各位功臣。因此，在文帝二年（前178）初便下令让诸侯就国。但是许多列侯并不听从文帝的命令，仍然滞留长安。文帝不敢和功臣彻底决裂，不过在取得了一定的权力之后，就要拿功臣的首领周勃开刀。

周勃就国后，事情并没有结束，文帝仍然要对其施以惩戒。

周勃自知功高盖主，文帝欲将自己除之方可安心，因此处处小心谨慎。每当河东守郡巡视各县之时，周勃都担心这是文帝要对付自己，因此每次接见河东守郡时都是身披战甲，命府中守卫手持兵器，一副随时准备战斗的姿态。

河东守郡见此情景，未免惊疑。有人见周勃如此，便向文帝告发，说周勃蓄养死士，着甲养兵，蓄意谋反。文帝得到奏报后，立即命廷尉张释之，叫他派人逮捕周勃入京。张释之派人赶赴绛地，会同河东守郡季布捉拿周勃。季布虽然知道周勃素无反意，但只能奉诏而为。周勃仍旧披甲相迎，而当诏书宣告之后，周勃竟愣在当场。季布叫他卸下战甲，然后将他押到车上，送往长安。

进入长安之后，周勃被关押在监牢里。负责处理此事的廷尉并没有难为他，然而掌管监狱的狱吏却常常为难周勃，索要贿赂不成，便常常对其冷嘲热讽，甚至拳脚相加。周勃受不了侮辱，只好贿赂狱吏千金，狱吏这才对其小心侍奉。

不久之后，廷尉张释之奉命审问周勃。周勃自以为无罪，而且性情耿直，不善申辩，不知该说什么，只好一言不发，静默以对。收受周勃贿赂的狱吏见状，在周勃文牍背后写了5个字："以公主为证。"周勃见到这5个字，如梦方醒。

文帝念周勃有铲除诸吕、拥立之功，遂将一个女儿嫁给了周勃的长子周胜之。这样说来，文帝和周勃还是儿女亲家，请公主向文帝说情再好不过了。周勃还和文帝之母薄太后的弟弟薄昭素来交好，当年文帝赏赐给周勃东西，周勃常常送给薄昭。如今周勃有难，薄昭自然不会不理，于是赶紧进宫面见太后，请太后为其说情。

太后闻听薄昭之言，感慨良多，也知多亏有周勃自己母子才得以显贵，于是命人召文帝来见。文帝见到太后，恭敬行礼。太后不待其行礼完毕，一把扯下头上的丝巾，向文帝头上扔去，大怒道："将侯曾掌管玉玺，统领北军，当年不反，如今只有一个小县难道还会造反吗？"

文帝见母亲生气，不敢多说什么，只好接连告罪。文帝看了周勃的供词，便道歉道："官吏正在核实，核实之后便将他放出来。"于是派人拿着符节，到牢里释放周勃。文帝没有定周勃之罪，恢复其列侯，叫其回封国之后谨慎行事。

周勃被释放之后，喟然而叹，道："我曾统领百万兵，如今才知道狱吏的贵重。"

当年袁盎曾对文帝说周勃"非社稷臣"，惹得周勃不快，对其颇有怨恨。然而在周勃下狱之时，朝臣少有为其说情的，而袁盎则尽力为其斡旋。此事之后，两人便一直交好。

周勃回到绛地之后，小心谨慎地度过了余生。经过文帝数次打压，当年叱咤战场的周勃已经不存在了，而今的周勃只是一个被狱吏欺负过的失去权柄的老臣罢了。

汉文帝数次打压有功之臣，并不能说明他是一个昏君。相反，文帝是中国历史上少有的有道明君，在其治理下，大汉王朝持续着文化和经济上的积累。他在施政方面的成功和其打压权臣并不冲突，因为他要首先保证天下权柄完全掌握在刘氏手里。

文帝十一年（前169），周勃去世，经群臣商议，文帝颁布，谥号"武侯"。长子周胜之继承了绛侯爵位。周氏的辉煌并未结束，其子周亚夫紧随父亲的脚步，封侯拜相，成就了一番汉朝父子宰相的佳话。

第二章
条侯亚夫

周亚夫出生之时,汉王朝已经建立,他的童年是幸福美满的。作为绛侯的第二个儿子,他拥有常人难以企及的成长环境。即便如此,不努力的话也只是个普通的贵族子弟而已,说不定什么时候就在政治斗争的夹缝中粉身碎骨。然而周亚夫拥有比父亲更高的军事天分,加之自己的努力,逐渐成长为重要的将领。仅仅用3个月的时间,他就成功平定诸侯王叛乱,立下不朽功勋。

女神相的谶言

公元前199年,这时候大汉王朝已经建立了3年,刘邦已经牢牢地掌握了国家的统治权,朝堂上也已经有了完备的礼仪。虽然长时间的战乱使天下瓦砾成堆,白骨曝于荒野,但是毕竟已经结束了。人们对死亡的恐惧已经被渐渐忘却，新生命成为每个人的希冀。当年追随汉高祖刘邦起义的普通人，已经位列封疆，权倾天下。

当年陈胜王首先起义，呼喊出了"王侯将相，宁有种乎"的口号，而今这句口号已经变为现实。周勃在十几年前还是一个在人家丧礼上吹喇叭的人，而今已经是当朝太尉，掌管天下兵马。同时被封绛侯，拥有绛县8180户的食邑，封地可以代代相传。这一年，有一件让周勃非常高兴的事情——他拥有了第二个儿子。这在普通人家都是亲朋相贺的事，何况还是当朝太傅喜得麟子，一番热闹，自不消说。

周勃的这第二个儿子就是周亚夫，由于不是嫡长子，他是没有资格继承侯位的。汉朝无论是天子还是诸侯王都实行嫡长子继承制，皇帝的嫡长子被称为皇太子，诸侯的嫡长子被称为太子，后来觉得太子和皇太子太过接近，诸侯王太子改称世子。

周勃已经有了一个大儿子周胜之，周胜之理所当然成为太子。周亚夫虽然不是太子，但是身为绛侯之子，也是极其富贵了。

周亚夫对自己的生活也非常满意，虽然从小娇生惯养，但是依然练就了一身非凡的才能。周亚夫很清楚自己的位置，从来没有妄想过有一天取代哥哥成为王侯。如果这样发展下去，周亚夫依旧会位极人臣，成为高官。

凭借自己的才能和亲友的帮衬，周亚夫在官场上平步青云，很快就成为河内太守。太守掌管一郡之内的军政大事，甚至有官员的任免权。如果没有意外的话，周亚夫将进一步高升，甚至位列九卿。他是不指望登上丞相高位的，在当时，想要成为丞相有一个先决条件——必须是列侯。但是和一个人的对话，让周亚夫的内心掀起了波澜。

这个人名叫许负，被称为中国古代第一女神相。她还有另一个身份，则是令万千人敬仰的。她是中国历史上少数几个被封侯的女性之一。在汉朝，其他女性侯都是凭借和皇帝关系亲近或是凭借自己丈夫、孩子的功劳才得以封侯，唯独许负是凭借功绩封侯的。当年刘邦的实力还很弱小，慕名去找许负看相。许负知道刘邦日后定为帝王，于是说服父亲和哥哥向刘邦献城。后来论功行赏，封许负为鸣雌亭侯。她见到文帝的母亲薄氏后说："这个人将来要生天子。"薄氏的儿子就是后来的汉文帝。这样的神人说的话，容不得不细细思量。

许负看完周亚夫的面相后说："你3年后就可以封侯。封侯8年，就可以成为宰相，把持国家的军政大权，没有臣子比你更加富贵。之后再过9年，就会饿死。"

周亚夫不信她说的话："我的哥哥已经代替父亲成为代侯了，如果哥哥去世了，也有他的儿子继承爵位，哪轮得到我封侯呢？何况，就像你说的，我既然封侯拜相了，必然富贵至极，又怎么会饿死呢？"

许负是从面相上得出的结论，指着周亚夫说："你嘴旁有条竖纹到了嘴角，这是饿死的人才有的面相。"周亚夫听完许负的话，不禁暗自心惊。

现任绛侯是周亚夫的哥哥周胜之，小时候曾跟着父亲、母亲到田地里务农，可以说吃尽了苦头。后来他迎娶了汉文帝的女儿为妻，贵为列侯，身为驸马，周胜之可以说是志得意满了。但是周胜之和公主的关系并不好，这也为他日后的祸患埋下了伏笔。

许负给周亚夫看相两年后，周胜之由于杀人罪，被判处死刑。在西汉，一个顶级贵族杀人，很难被判处死刑。历史典籍中没有记载周胜之是怎样杀人的，以及杀了什么人，可见杀的并不是重要人物。他和公主关系不好，加之朝廷千方百计想要削弱诸侯的势力，所以就将其处死了。

一年后，周亚夫的运气来了，为了延续绛侯周勃的传承，文帝封周亚夫为条侯。此时距离许负给周亚夫看相整整3年。

这样的军队才强大

周亚夫继承了其父的军事才能，在抗击匈奴的战争中大放异彩。此时虽然国无内乱，但是匈奴一直是大汉王朝的威胁。甚至可以说匈奴和中原王朝宿怨极深，而匈奴人与中原王朝的对抗从汉朝建立前就开始了。

秦始皇扫平天下一匡六合之后，派遣将士北击匈奴，匈奴退出河套，徙往漠北，自此之后匈奴10余年很少南下。秦二世时，匈奴冒顿单于继位，匈奴迅速强大起来。冒顿单于在领土不断扩张的同时，多次带兵南下。汉高祖六年（前201），冒顿单于大举南下，迫使韩王信投降。第二年，又发兵40万，将高祖刘邦重重围困在平城白登山，被困7天7夜。后来，刘邦用陈平的计策向冒顿单于妻行贿才得以脱险。同年十二月，冒顿单于又兴兵攻打代地，刘邦兄代王刘仲弃国而逃。此后，汉朝被迫与匈奴和亲，匈奴不再大规模入侵，但局部战斗一直未断。吕后执政之时，甘受匈奴侮辱，继续以和亲的方式维系脆弱的和平。

文帝执政后，不甘心受匈奴欺凌，曾采取较大规模的军事行动，抗击匈奴。然而在文帝十四年（前166）时，匈奴14万人南下入侵，汉军苦战月余，直到匈奴退出，也未取得有价值的军事成果。大汉王朝不得不继续以和亲的方式交好匈奴，然而匈奴却仍然积极备战，准备攻汉。

文帝后元六年（前158），匈奴君臣单于背弃和亲之约，对汉发动战争。君臣单于以6万骑兵分两路，每路3万骑，分别侵入上郡及云中郡，杀掠甚众。文帝急忙派遣中大夫令勉为车骑将军，率军进驻飞狐（今山西上党）；原楚相苏意为将军，率兵入代地，进驻句注（今山西雁门关附近）；又派将军张武屯兵北地，同时，置三将军，命河内守周亚夫驻屯细柳，祝兹侯徐悍驻棘门，宗正刘礼驻灞上，保卫长安。匈奴人见汉军戒备森严，知占不到便宜，便退出塞北。

在这次战争中，周亚夫虽然没有直接参与和匈奴的战斗，但是其优秀的统帅才能充分体现了出来。周亚夫认为，要击败彪悍善战的匈奴骑兵，必须严整军备，严格要求军队纪律，使军队始终处于备战状态。因此，他规定将士们在训练和值勤时必须身穿铠甲，手持兵器，一旦有事，必须能够立即作战。同时，严格要求军纪，任何人不得违抗军令。

三大营负责守卫长安，不容有失，文帝对其格外重视，因此打算亲自巡视三大营。

文帝先去徐悍驻守的棘门和刘礼驻守的灞上。文帝到了这两座大营,士兵见来人摆出天子仪仗,不及通报,便营门大开,将文帝迎入。两位将领见天子亲至,更是放下军务,殷勤款待。

随后,文帝来到了周亚夫驻守的细柳营。在细柳营,文帝见到的情形和前两次大不相同。远远就望见士兵们穿着整齐的盔甲,人人手持兵刃,队列整齐,一副如临大敌、随时准备战斗的样子。

文帝的先驱官先他一步来到细柳营。他本想纵马直入,然而守卫营门的士兵,拦住他不让进。先驱官对士兵们喊道:"天子将要驾到,你们还不快打开营门?"把守军营大门的将领道:"将军有令,军营之中只听将军号令,不听天子之诏。"

片刻后,文帝驾到,随从人员对守门士兵道:"如今天子驾到,命尔等开营门。"守卫官道:"没有将军命令,不敢开门。"文帝只好拿出皇帝符节,命使者进入营中,向周亚夫宣诏:"天子将要进入大营劳军。"

周亚夫接到文帝符节,没有出去接驾,只是命人打开军门,请文帝车驾入内。文帝的车队刚刚进入大营,军营里的军官就对文帝道:"将军有令,进入营中车马不得疾驰。"文帝点点头,命令放松马缰,让车马缓慢前进。来到中军大帐前,只见周亚夫身着铠甲,腰佩长剑,站在大帐前迎接。

周亚夫没有向文帝行大礼,而是手持长剑作揖道:"臣盔甲在身,不能参拜,恕臣行以军礼。"文帝暗想,好一员大将,不由为之动容。天子使臣大声道:"皇帝敬劳将军。"礼成之后,文帝慰劳周亚夫数语,便离开了。

离开细柳营之后,跟随文帝劳军的大臣们无不惊诧,纷纷谴责周亚夫的无礼行径。文帝喟然而叹道："嗟乎，这才是真将军呀。此前去灞上营和棘门营，简直如儿戏一般。如果匈奴大军来袭，恐怕一击即溃，他们的将领也会被俘虏。如果大汉都是周亚夫这样的将领，匈奴哪还敢进犯！"大家听完这话，无不点头称是。

文帝劳军一个多月后，战事将息，遂撤销三大营。周亚夫没有回到封地，而是被升任为中尉。中尉拥有控制京师和京畿地区的军事力量。同时，中尉还负责巡视京师和京畿地区，拥有对一些重要案件的处理权，甚至有权利管理宗室。只有皇帝的亲近之臣，才能担任这一职务。

文帝后元七年（前157），也就是劳军细柳营的第二年，文帝竟一病不起。在弥留之际，他将太子刘启叫到身边，语重心长地告诫太子道："我死后，倘若天下有变，周亚夫可以统领天下兵马。"

六月初一，汉文帝刘恒在未央宫逝世，享年47岁。群臣上庙号为"太宗"，谥号"孝文皇帝"。文帝躬行节俭、励精图治，其着力发展农业生产，稳定统治秩序，收到了显著成效，开创了闻名后世的"文景之治"。

文帝逝世后，太子刘启继承天子之位，是为汉景帝。汉景帝颇有乃父之风，也是历史上不可多得的好皇帝。他将周亚夫任命为车骑将军，统领战车部队。

景帝削藩

周亚夫很快就会肩负起拯救这个国家的重任,就像当年其父诛灭诸吕一样,周亚夫同样要为刘氏皇权的集中做出极大的功绩。这还要从汉朝的制度说起。

鉴于秦朝不分封宗室为王,以致秦末之乱无人相助。刘邦分封同姓宗室为王,以拱卫天子。诸侯王不仅封地广大,而且拥有除御史大夫以下,众官掌控军队自征赋税等权力。随着封国经济、军事实力的发展,诸侯们便逐渐产生了与中央离心离德、分庭抗礼的倾向。汉初全国共有 59 郡,其中刘邦册封的 10 个诸侯王就占有 42 郡。全国人口 1300 余万,诸侯王国编户 180 万,人口 850 万。与中央政府相比,诸侯国无论是在土地、人口数量还是经济实力上都占有绝对优势。

刘邦临死之前基本上将异姓诸王斩杀殆尽,剩下的也非常弱小,不足以对大汉王朝构成威胁。然而,当年纪尚幼的同姓诸王成长起来后,却仍需要后辈解决。

文帝的主要功绩有二,一是休养生息发展生产,二是不断强化皇权。经过诸吕之乱,皇帝的尊严和权威已经大打折扣。后来,文帝通过打压功臣和不断提拔亲近官吏,皇权才逐渐加强。然而对于藩王势力,却没有很好地解决。

文帝即位之后，消灭了所有吕氏家庭，复置赵、燕、梁、淮阳四国，立赵幽王之子遂为赵王，徙琅琊王泽为燕王，立皇子楫为梁王，徙代王武为淮阳王。并将吕氏诸王所占有的齐、楚、赵故地，分别封还三国。经过一番斗争，又恢复了刘邦所封的同姓诸侯王国。与此同时，文帝还新分封河间、城阳、济北、太原四国。不久之后济北王谋反，被诛灭国。加上吴姓长沙国，此时共有12个诸侯国。

文帝并非没有对削弱诸侯王的势力采取措施，只是采用了相对缓和的方法。他听从名臣贾谊提出的"众建诸侯而少其力"的政策，缓慢削弱诸侯王的势力。所谓"众建"是指将各国分成若干国，使其子孙分别受王爵，直到土地分尽了为止。这种策略就将庞大的诸侯国逐渐分成了小国。

文帝十四年（前166），齐王刘则死后，因其无子嗣，齐国被分成了6份，分别封6人为王。淮南王刘长死后，经过长时间的运作，淮南国被分成3份，给别分封刘长3子为王。同时，文帝下令让诸侯王回到自己的封地就国，但是多有不从，因此将丞相周勃罢免，勒令使其就国，以做表率。

总体来说，文帝采取的方式是比较温和的。文帝被权臣推举上位，为了加强皇权，着力打击权臣实力，反而对各诸侯王采取"仁义恩厚"的宽容、忍让态度。例如吴王诈病不朝，文帝反而赐以几杖，以示安抚。淮南王入朝，甚横，杀辟阳侯，文帝非但不治罪，反而赐美人，多载黄金以归。这种怀柔政策，对稳定朝局是有一定好处的。不过也要看到，济北王刘兴居（文帝的侄子）、淮南王刘长（文帝的弟弟）相继叛乱，虽然很快就被平定，但这说明同姓诸侯王已经成为大汉帝国的不稳定性因素。

景帝继位后大封皇子为王，诸侯国的数量迅速增加。至景帝三年（前154）初，诸侯王国已经达到了22个，同刘邦时相比，增加了12个，翻了一番多。新增的诸侯国除了临江国是从汉地南郡所置，其余11国分别是从原齐、淮南、赵、淮阳四国分置。此时，吴氏长沙国已被刘姓所取代，22国大部分为同姓诸侯国。这时景帝仍然是通过"众建"的方式，削弱诸侯国的力量。同样大的土地，分的国越多，各国的实力便越弱。

由于诸侯王不断分封和传袭，此时的诸侯王和皇室的血脉关系发生了新的变化。但是在22王的血统中，刘邦子弟及其后代共有14王，文帝子及其后代有2王，景帝子有6王。各诸侯王与景帝的关系，有的非常亲密，有的已经疏远。

自从文帝实行以亲疏政策封王以来，诸侯王与皇帝血脉上的亲疏关系逐渐发展成政治上的亲疏关系。与皇帝亲近的诸侯王，成为皇权的支持和拥护者；疏远的诸侯王则与皇帝的矛盾日益激化。由于依靠亲近诸侯王戒备和防范疏远诸侯王，诸侯王之间的矛盾也尖锐起来。

还有一个问题摆在文帝面前——通过收回无子嗣诸侯王的土地等正常方式，分封了6个儿子为王。然而文帝共有13子，还需要分封7个诸侯王，但此时已经无地可分。如果按照先帝之法，即便每个诸侯国平均分得3郡土地，也还需要21郡才能让其余7子得到分封。但是此时的中央政府仅仅控制着15郡土地。这些土地不但是中央争夺的主要财政来源，还包括皇后、公主的封邑，不能随便分封出去。当时文帝面临的情况是，不分封诸子则无以安内，要分封则无土可封。那些已经疏远的诸侯王，自然就成了景帝的目标。在景帝看来，削夺疏远诸侯王的领地，不但可以解决封地不足的问题，还可以除掉后患，可谓一石二鸟之策。这些诸侯王与景帝的关系已经疏远，景帝只当他们是祸患，已经没有了情感联系，动起手来自然不会手软。

汉朝大臣中，有些人提出应该尽量削掉藩国，以安刘氏，其中最著名的削藩主张者便是晁错。当年文帝时吴王诈称病不朝，晁错就向文帝上书请求诛杀吴王，削掉吴国，但是文帝没有采纳其意见。

晁错精通谋略，被文帝拜为太子家令，负责教导太子刘启。因其学问精深，能言善辩，被太子视为"智囊"。汉文帝死后，汉景帝登基，晁错执掌京师内史，与景帝的关系极为密切。史书上记载晁错："幸倾九卿，法令多所更定。"意思是晁错在九卿中最为得宠，很多法令都是通过晁错提出意见加以修改才得以实施的。

在晁错圣眷正隆之时，发生了震惊朝野的晁错"擅击庙垣"之事。内史府建在太上庙围墙里的空地上，门向东开，进出不方便，晁错便向南边开了两扇门出入，凿开了太上庙的围墙。丞相申屠嘉非常气愤，向景帝上书，请求诛杀晁错。景帝对恩师晁错非常信赖，对申屠嘉说："这不是庙墙，而是庙前面空地上的墙，不至于违法。"申屠嘉听后大怒，不久便病死了。政敌被灭，从此晁错更为显贵，不久被任命为御史大夫。御史大夫位列三公之一，有监察天下及百官之权。

深受景帝信任的晁错，为景帝设计了一套激进的削弱分封王国的方法。晁错认为，应该想办法找到诸侯王的罪过，趁机削掉其一部分土地。如果诸侯王没过错怎么办？所谓"欲加之罪，何患无辞"，总之，要将疏远诸侯的土地不断削掉。

汉景帝三年（前154），晁错向景帝上书《削藩策》，请求削藩。晁错在上书中写道："昔高帝初定天下，昆弟少，诸子弱，大封同姓，齐七十余城，楚四十余城，吴五十余城；封三庶孽，分天下半。今吴王前有太子之，诈称病不朝，于古法当诛。文帝弗忍，因赐几杖，德至厚，当改过自新；反益骄溢，即山铸钱，煮海水为盐，诱天下亡人谋作乱。今削之亦反，不削亦反。削之，其反亟，祸小；不削，反迟，祸大。"

晁错认为，刘邦将天下大半分封给同姓王，这些王国过于强大，已经对中央王朝造成了威胁，应该想方设法削弱他们。他还举出了吴王的例子，文帝没有诛杀不听诏令的吴王，反而给予赏赐。吴王没有改过自新，反而开山采铜，铸造铜钱，还煮海水为盐，获利丰厚。吴王用手中的财富召集罪犯，图谋作乱。因此应该削掉一些强大诸侯国的一郡或两郡，收归中央政府。并得出了自己的结论，削藩诸侯王会作乱，不削藩也会作乱，不如早点削。

这篇策略一出，天下诸王，一片咒骂晁错之声。即使当时朝中士大夫也不支持这种观点，只是晁错圣眷极隆，大都敢怒不敢言罢了。

晁错的父亲住在颍川，听闻儿子提出削藩之策，诸侯王们怨声载道，于是急忙赶到京城见晁错，对晁错说道："皇帝刚刚登基，你身为大臣，就主张侵削诸侯，离间天子与同宗的关系。如今天下诸侯王都在骂你，你为什么还要这样做？"

晁错对父亲说道："如今诸侯势大，常有不臣之心。不这样做，天子不能被尊重，宗庙不得安宁。"

晁错父亲大怒道："刘氏皇帝宗庙平安了，我晁氏宗族就危险了。

我要离你而去了。"

回家之后，晁错之父竟服毒自杀。自杀之时他对人道："我不忍心见到祸患及身呀！"

晁错之父的自杀，让他备受打击。然而，其对刘氏的忠心可见一斑，不顾自身安危，仍然极力主张削掉诸国。

结盟

景帝三年（前154）冬，楚王刘戊到长安入朝觐见。晁错向景帝报告说，楚王刘戊为薄太后服丧时，在服丧住的房子里偷偷淫乱，请求将其诛杀。景帝下诏赦免其死罪，削其东海郡并入汉地以作惩罚。此后，随之削减了吴国的豫章郡和会稽郡。在两年前，赵王有罪，削减了他的河间郡。胶西王刘卬因为售卖爵位时舞弊，削减了他的6个县。

景帝的削藩，引起了诸侯王的震惊。当汉朝大臣请求削减吴国封地时候，吴王刘濞遂打算起兵造反。

当时吴王刘濞已经64岁了，统领3郡53城。会稽郡和豫章郡是吴王刘濞赖以自保的根本，如果被削，吴国势力肯定一落千丈。恐怕用不了多久，刘濞一族就会失去对封国的管理权，成为仅仅收取租税的郡县。在鱼死网破之际，吴王这才起兵。即使是不起兵，早晚也无好下场，索性豪赌一把，说不定还有更进一步的可能。

吴王刘濞自知一家难以和皇帝对抗,所以要寻找盟友共事,他首先想到的是楚王刘戊。楚王刘戊被削减了东海郡,对朝廷怀恨在心,因此,吴楚两国首先结成同盟。

但是在吴王刘濞看来,淫乱暴虐的楚王刘戊,是不足以与之共同谋划的。而能够与之共同谋划的只有一个人,这人就是胶西王刘卬。胶西王刘卬非常勇猛,喜好兵法,临近的诸侯都非常畏惧、忌惮他。他也曾被景帝削减6个县,同样对其不满。吴王刘濞派遣中大夫应高出使胶西国。

应高对胶西王刘卬道:"吴王不才,有着很快降临的忧虑,不敢把自己当外人,使您明白他的好意。"

胶西王道:"有何指教?"

应高道:"现在皇帝任用奸臣,被奸邪之臣蒙蔽,喜欢眼前的利益,听信谗言,擅自改变法令,侵夺诸侯的封地,对封国征求越来越多,诛杀惩罚善良的人,这些情形日益严重。俗话说:'吃完米糠就会吃到米。'吴王和胶西王是有名的诸侯,一旦被注意盯上,恐怕就不能安宁自由了。吴王身患内疾,不能朝见皇帝20多年了,曾经担心被猜疑,又没有办法解释,现在缩敛肩膀小步走路,犹且害怕不被谅解。我听说大王因为卖爵的事而被罚罪,但诸侯被削减封地,所犯罪过是不该这样处罚的,这种惩罚恐怕不是削地就能罢休的。"

胶西王道:"是的,有这样的事。你说怎么办呢?"

应高道:"憎恶相同的互相帮助,爱好相同的互相留连,情感相同的互相成全,愿望相同的共同追求,利益相同的死在一起。现在吴王自认为和大王有相同的忧虑,愿借着时机顺应事理,牺牲个人身躯为天下除害，想一想可以吗？"

胶西王吃惊地说道："我哪里敢这样做呢？现在皇帝虽然威逼急迫，我本来就有死罪啊，怎能不拥戴他呢？"

应高道："御史大夫晁错，迷惑天子，侵夺诸侯，蔽塞忠贞贤良的人，朝廷之臣都有憎恨之心，诸侯都有背叛之意，人臣之事他已做到极点了。现在彗星出现，蝗灾不断发生，这是万世难逢的唯一机会，而且忧愁劳苦的时候就是圣人产生的时代。所以吴王想对内以讨伐晁错为借口，在外追随大王车后，驰骋天下，使面对着的地方投降，使手指着的地方攻克，天下没有敢不顺从的。大王您假使能够答应我一句话，那么吴王就率领楚王攻下函谷关，守住荥阳敖仓的粮食，抗拒汉兵。修筑军队驻扎的房舍，等待大王的到来。大王真的能够幸临，那么就可以并吞天下，两个君主分治天下，不也是可以的吗？"

胶西王道："好。"应高回去报告吴王，吴王犹且担心胶西王不参与起兵发难，就亲自做使者，到胶西出使，当面和胶西王订立盟约。

吴王刘濞和胶西王刘卬结成同盟后，胶西王刘卬派遣使臣联络了齐、菑川、胶东、济南、济北诸王，约定一起对抗朝廷。

与此同时，吴王刘濞还在积极和赵、燕两国联系。赵王刘遂同样对朝廷不满。此前，文帝割分赵国河间郡设置河间国，不过河间国传了两世之后就因无后而除国，河间郡被并入汉地。赵王刘遂本想请求文帝重新将河间郡并入赵国，但是未能如愿。景帝继位后，又找机会将赵国常山郡削割。这样一来赵王不但没能收回河间郡，还损失了常山郡，旧恨新仇，使其对朝廷更加怨恨。吴王刘濞找到赵王刘遂商议共举大事，简直是一拍即合。吴王刘濞也与燕王相约，并布置了燕国的起兵路线。

吴王刘濞还将目标锁定了淮南三王,淮南三王即淮南王刘安、庐江王刘勃、衡山王刘赐。他们的父亲是淮南厉王刘长,因谋反被废,被谪迁到蜀地,但是还没到蜀地,便死在了途中。在文帝封淮南厉王三子之前,贾谊就曾上书文帝劝谏道:"刘长之子都已成年,怎么能忘掉仇恨呢?"文帝没有听从其建议,仍然将其三子分封。他们三人果然如贾谊所说,想到自己的父亲因谪迁致死,对朝廷怨恨极深。有机会推翻朝廷,他们不会拒绝,于是与吴王刘濞结成同盟。

经过一番联络之后,以吴王刘濞为首的诸侯王同盟建立起来了,准备起兵谋反。这个谋反集团内部的诸侯王虽然都是刘邦的子弟及后代,但他们与景帝的血脉疏远,更无感情可言,他们都和朝廷矛盾极深。尤其是在反对削藩上,态度非常一致。

然而他们之间的结盟却并不牢靠,吴王刘濞想借此机会一举获得天下,而诸侯王们只想保护自身利益不受侵害。因此,吴王刘濞想控制各诸侯王,诸侯王们并不甘心受制。他们从一开始,就有着不可调和的矛盾。

忠臣也得死

景帝三年（前154）正月，汉王朝削地的诏书正式下达到吴国。吴王刘濞认为时机已到，是时候起兵了。刘濞将国内汉朝官吏俸禄2000石以下者全部斩杀，随后于广陵起兵。胶西王在正月诛杀汉朝官吏俸禄2000石以下者，随后起兵。胶东、菑川、济南、楚、赵同样如此，举兵向西。齐王后悔，并没有参加反叛。济北王城损坏，于是济北王派郎中令带兵守卫王城，郎中令趁机劫持济北王，因此没有发兵。吴王先前联合14国诸侯王，实际上发兵的只有7国，分别是吴王刘濞、楚王刘戊、胶西王刘卬、胶东王刘雄渠、菑川王刘贤、济南王刘辟光、赵王刘遂。

吴王刘濞下令："寡人年六十二，身自将。少子年十四，亦士卒为先。诸年上与寡人同，下与少子等者，皆发。"吴国境内62岁以下、14岁以上的男子全部征召为兵，集合了20万大军，谎称50万。

吴王刘濞起兵后，楚王刘戊随后响应。楚国丞相张尚、太傅赵夷吾向楚王刘戊进谏，诉说起兵之害。楚王不听，遂将他们杀死，之后发兵和吴国会合共同西进。

胶西王刘卬索性也将汉朝派遣的官吏俸禄2000石以下的全部杀死，发兵西进。接着，胶东、菑川、济南诸王起兵响应。赵王刘遂杀死劝阻其反叛的赵丞相建德、内吏王悍，发兵向西，等待吴楚两国。同时向匈奴派遣使臣，与匈奴联合。

吴王刘濞起兵后，发表了告天下诸侯书，书中写道：

"吴王刘濞敬问胶西王、胶东王、菑川王、济南王、赵王、楚王、淮南王、衡山王、庐江王、故长沙王子：幸教寡人！以汉有贼臣，无功天下，侵夺诸侯地，使吏劾系讯治，以僇辱之为故，不以诸侯人君礼遇刘氏骨肉，绝先帝功臣，进任奸究，诖乱天下，欲危社稷。陛下多病志失，不能省察。欲举兵诛之，谨闻教。敝国虽狭，地方三千里；人虽少，精兵可具五十万。寡人素事南越三十余年，其王君皆不辞分其卒以随寡人，又可得三十余万。寡人虽不肖，原以身从诸王。越直长沙者，因王子定长沙以北，西走蜀、汉中。告越、楚王、淮南三王，与寡人西面；齐诸王与赵王定河间、河内，或入临晋关，或与寡人会雒阳；燕王、赵王固与胡王有约，燕王北定代、云中，抟胡众入萧关，走长安，匡正天子，以安高庙。原王勉之。楚元王子、淮南三王或不沐洗十余年，怨入骨髓，欲一有所出之久矣，寡人未得诸王之意，未敢听。今诸王苟能存亡继绝，振弱伐暴，以安刘氏，社稷之所原也。敝国虽贫，寡人节衣食之用，积金钱，脩兵革，聚谷食，夜以继日，三十余年矣。凡为此，原诸王勉用之。能斩捕大将者，赐金五千斤，封万户；列将，三千斤，封五千户；裨将，二千斤，封二千户；二千石，千斤，封千户；千石，五百斤，封五百户：皆为列侯。其以军若城邑降者，卒万人，邑万户，如得大将；人户五千，如得列将；人户三千，如得裨将；人户千，如得二千石；其小吏皆以差次受爵金。佗封赐皆倍军法。其有故爵邑者，更益勿因。原诸王明以令士大夫，弗敢欺也。寡人金钱在天下者往往而有，非必取于吴，诸王日夜用之弗能尽。有当赐者告寡人，寡人且往遗之。敬以闻。"

这封告诸侯书，有四方面的意思。第一，提出反叛的理论根据，他认为"汉有贼臣"，贼臣离间诸侯王与皇帝的骨肉至亲，剥削各诸侯王的土地，所以才起兵诛贼臣。所谓的贼臣就是指晁错。诛晁错以安社稷，就是吴王刘濞的叛乱依据。

第二，极力夸耀吴国的富强，夸耀说吴国地方3000里，有精兵50万，同时有用之不尽的财富。无非是向诸侯表明，自己有起兵的能力。

第三，部署进军路线。长沙王子平定长沙以北地区，然后向西进入蜀地和汉中。南越王、楚王、淮南王三王和吴一起发兵向西。齐地诸王和赵王平定河间、河内，然后或是进入临晋关或是与吴王在雒阳会和。燕王平定代和云中后，率领匈奴军队进入萧关，直取长安。这套方略使叛军由南到北，合纵向西，最终的目标都是大汉的都城长安。

第四，宣布赏赐的办法。吴王刘濞规定，能逮捕杀死大将军的，赏赐金五千斤，封邑万户；逮捕杀死将军的，赏赐黄金三千斤，封邑五千户；逮捕杀死副将的，赏赐金两千斤，封邑二千户；逮捕杀死俸禄二千石的官员，赏赐黄金一千斤，食邑一千户；逮捕俸禄一千石的官员，赏赐金五百斤，封邑五百户；以上有功的人都可被封为列侯。那些带着军队或者城邑来投降的，士兵有万人，城中户口万户，如同得到大将军；士兵城中户数五千的，如同得到将军；士兵城中户数三千的，如同得到副将；士兵城中户数一千的，如同得到二千石的官员；那些投降的小官吏也依职位差别受到封爵赏金。其他的封赏都一倍于汉朝规定。

七国起兵，令天下震动，最惊恐的莫过于汉中央朝廷。晁错虽然在劝说景帝大力削减诸侯封地时，说过诸侯王早晚会反之类的话，但是此前并没有明显的迹象表明他们要谋反，因此，景帝和中央朝廷根本没有对诸王造反做任何准备。事情真的发生之后，晁错和景帝都慌了神。

景帝这时想起了先帝的遗训，急忙召来太尉周亚夫。命他统领36名将军抗击最为强大的吴、楚军队。又任用窦太后的侄子窦婴为大将军，统帅抗击齐、赵的军队。窦婴在晁错提出削减诸侯封地的时候就持反对意见，此次景帝派他出战，他再次批评了晁错的做法。

此时，很多人认为七国之乱是晁错搞出来的，而他与景帝之间的关系也出现了裂痕。晁错认为，将数百万大军交由周亚夫率领，如果周亚夫有不臣之心，后果不堪设想。景帝觉得有理，于是打算让晁错代表自己和周亚夫一同出战。晁错自知不可能对周亚夫等人有约束力，于是请景帝亲自到前线督战，自己留守长安。景帝听了这个建议很不高兴，但是没有多说什么，也没有听从他的话。

晁错没有觉察到景帝的不满，反而想趁机灭掉自己的政敌。他和袁盎素有积怨，两人不能同席。袁盎曾经担任过守卫皇城的中郎将一职，为人厚道，敢于直谏。文帝时曾经被派往吴国担任吴丞相，与吴王刘濞相交甚善，曾收受过吴王的大量财物。年迈后，他称病辞职在家。

晁错抓住了袁盎曾经收受吴王刘濞财物的把柄，吴王造反后，晁错对属官道："袁盎为吴丞相时，多收受吴王财物，一直说吴王不会反。如今见吴王造反，他一定知道内情，应该关进监狱，查明情况。"

袁盎对汉王朝忠心耿耿，属官知道这是无中生有，便对晁错说道：

"袁盎长期担任先帝近臣，不可能谋反。"

袁盎平素与人为善，朋友众多，这个消息很快传到了他的耳朵里。袁盎知道后，自己不能与晁错相善，便要先下手为强。他找到大将军窦婴，说自己有平定叛乱的方法，请他帮忙转告景帝。窦婴急忙报告给景帝，景帝遂召见袁盎。

景帝召见袁盎时，正在和晁错一起商议调动兵马粮草的事宜。景帝问袁盎道："你对吴楚造反怎么看？"

袁盎答道："吴王造反不足担忧，很快就会被平定了。"

景帝道："吴王开山铸钱，煮海为盐，非常富足，诱使天下豪杰造反。若没有万全准备，怎么会轻举妄动呢？为什么说他不会有作为？"

袁盎道："吴国确实有铜盐之利，不过却没有豪杰相助。只是引诱些无赖子弟、亡命之徒，这些人才会跟着吴王造反。"

晁错这时道："袁盎所言有理。"

景帝问："有什么办法可以平定叛乱呢？"

袁盎道："请陛下让左右退下。"

于是景帝下令让所有人都退下，唯独晁错仍在。

袁盎道："臣之愚计只能陛下知道，其余臣子不能知道。"

这话明显是针对晁错的，景帝下令让晁错退下，晁错不由得对袁盎怨恨极深，但又无可奈何。

袁盎道："吴、楚在告诸侯的信中表示贼臣晁错削减诸侯之地，所以才起兵清君侧。造反只为了诛杀晁错，恢复故地。可见七国所怨恨的只有晁错一个人。只要诛杀晁错一人，命使臣赦七国发兵之罪，恢复七国故地，则可不费一兵一卒，而天下太平。"

景帝默然良久，道："只要天下得安，我不会爱惜一个人。"

袁盎道："臣愚见，这是最好的办法，望陛下深思。"

过了十几天，景帝命中尉召晁错。晁错以为景帝找他有事，遂穿上官服和中尉同出。不料，中尉带着穿着官服的晁错直到刑场腰斩。晁错一家无论老幼全部被斩，晁错父亲的话果然应验，晁氏灭族。

景帝先前已任命吴王刘濞的侄子吴通为宗正，斩晁错后，遂命袁盎和吴通带诏书去见吴王刘濞，说服他罢兵。

此时，吴国和楚国正在攻打梁国。吴王刘濞听闻已诛晁错，景帝派使臣而来，以宗亲故，接见了吴通，并笑着对吴通道："如今我已经是东帝了，还要向谁拜呢？"他还想扣留袁盎，袁盎趁机逃出吴营，赶紧回长安向景帝报告。

景帝诛杀晁错之后也非常后悔，然而已经将其诛杀，无可挽回。晁错作为景帝的老师，与景帝非常亲近。他教导景帝的是"术数"，所谓"术数"就是权谋之术，为了江山社稷，可以无所顾忌。但谁能想到晁错教导景帝的这套理论，竟然试在了自己头上。

景帝的目的很明确，就是为了安社稷、尊皇权。

三月平叛

周亚夫受命之后,乘坐6匹高头大马拉的传车,会师荥阳。他先了解了对方的实力和兵力布置,随后拜访贤明之士,听取他们的意见。到了洛阳,周亚夫见到了大名鼎鼎的游侠剧孟,高兴地说道:"齐国叛乱,我乘传车到达这里,没想到自己能安全抵达。如今剧孟没有起兵的举动,而我又占据了荥阳,荥阳就没有值得忧虑的了。"周亚夫认为,剧孟能够抵得上一个侯国的士兵,他曾经说过:"还以为他们得到了剧孟,吴、楚举大事而不求助剧孟,我知道他们必定无所作为。"

周亚夫随后到达了淮阳,询问父亲原来的门客邓都尉:"您有什么好的计策吗?"

邓都尉说道:"吴兵锐气正盛,和他交战很难取胜。楚兵浮躁,锐气不能保持长久。现在为将军提出一个计策,不如率军在东北的昌邑筑垒坚守,把梁国放弃给吴军,吴军一定会用全部精锐军队攻打梁国。将军深挖沟、高筑垒坚守,派轻装的军队断绝淮河泗水交汇处,阻塞吴军的粮道。吴梁之间因相持疲弊而且粮草耗尽,然后用保持强盛锐气的军队制伏那些疲弊已极的军队,打败吴国是必然的。"

周亚夫道:"好计谋。"

战略方针确定后,周亚夫即坚定不移地贯彻执行。率军绕开叛军设伏的崤函（今陕西潼关至河南新安一带）之路，出其不意，出武关（今陕西丹凤东南）、到洛阳（今河南洛阳东），有如从天而降，然后会师荥阳，牢牢地控制关东最重要的战略基地。亲率重兵进据昌邑（今山东巨野南），切断叛军主力吴楚联军同齐地各国叛军的联系，并派出轻骑兵袭占淮泗口（今江苏洪泽西），断敌粮道。

但是这样一来，就将景帝的亲兄弟，深受窦太后喜爱的梁王刘武置于吴楚联军的主力之下。梁国正好处在吴楚西进的方向，想要进入长安必须打败梁国，因此，梁国面临的压力非常之大。仅吴国就有士兵20余万，号称50万，加上楚国和其他几国的援兵，绝非梁国可以抵挡的。在开战之初，吴军和楚军在棘壁（河南省今河南省柘城县东北）大败梁军。吴楚联军乘胜向前，锋锐异常。

吴楚联军合力猛攻梁国都城睢阳（今河南商丘南），梁国举全国之力，奋勇抵抗吴楚联军，形势非常严峻。梁国作为抗击吴楚联军的前线，如果被破之后，叛军西进，便可直入长安，后果不堪设想。刘武深知守住梁国至关重要。将领们出城迎击之时，梁王刘武一言未尽，先流出泪来，并且跪送6位将军出兵迎战吴楚联军。

梁王无奈，只好一面组织士兵防守，一面频频请求周亚夫派兵救援。周亚夫按照既定策略，不予理会，按兵不动。梁王上书景帝，请求派兵援助。窦太后知道后，向景帝施压，要求他命令周亚夫赶快救援。景帝只得向周亚夫下诏，救援梁国。周亚夫认为"将在外，君命有所不受"，拒不奉召。梁王见后援断绝，只能发全国之力，奋力固守，一时之间，叛军竟久攻不下。

叛军见睢阳难攻，转而攻打昌邑，希望与汉军迅速决战。周亚夫按照既定策略坚守不出，任其骂阵挑衅。

周亚夫卓越的军事才能体现在方方面面。有一次夜里，汉军大营受惊，军内各部分互相攻击扰乱，甚至闹到了太尉周亚夫的中军营帐之下。周亚夫始终静卧不起，任其骚乱，时间过了不久，军营就恢复了安定。士卒们得知太尉还在安眠，便知没有发生大事，随后在基层军官的指挥下，骚乱很快就平定了。如果周亚夫此时出营镇压骚乱，必然使营中士卒人人自危，反而会给吴楚攻击的机会。

此时，截断吴军粮草的战略已经奏效，吴军粮草匮乏，长此以往，必生内乱。吴军为军粮所迫，必须尽快与之决战，于是决定冒险采用声东击西之计。吴军们首先攻打汉营东南，然后准备出其不意攻其西北。周亚夫早已看破了他们的阴谋，在军营西北布下重兵。

吴王刘濞指挥精兵攻打汉营西北，但是汉军早有准备，迟迟不能得手。吴楚军队决战不得，又缺乏粮草，军心早已动摇，吴王刘濞不得不下令撤兵。周亚夫下令趁势出击吴军，吴军一路溃败，汉军斩首10万。刘濞抛弃大军，仅率领着壮士数千人逃到丹徒（今江苏镇江东南）。汉军乘胜追击，将余下叛兵尽数俘虏。周亚夫下令，有杀死逮捕吴王刘濞者赏千金。一个月之后，越人斩吴王刘濞献上。

击败吴军后，汉军继续诛灭各叛乱诸侯王，先后只用了3个月的时间，就将七国之乱彻底平定，大汉王朝转危为安。虽然周亚夫立下大功，但是由于没有及时救援梁王，使得梁王对其怀恨在心。

在此战中，周亚夫的军事才能得到了充分的发挥，其知己知彼、多谋善断，在开战前就制定了一套严谨的作战方案。首先放弃梁地，梁国地大人多，让梁国消磨吴楚两国的锐气，达到疲敌的目的。疲敌策略至关重要，吴楚实力强大，直接对战不一定是其对手，即便惨胜也无力再剿灭其余诸国。

接着斩断粮草供应，退路被断，且粮草匮乏，吴楚士卒必然心生惧意。吴王刘濞指挥这样一群士兵，只有尽快寻找主力决战，才能重新打开后方的通道。吴王刘濞屡次挑战，周亚夫坚守不出，同样是为了避其锋芒，攻其软肋。直到吴军士卒饥饿、计谋失策、退兵而走的时候再挥兵追击，一举歼灭了叛军主力。

七国之乱平定后，诸侯王国的形势发生了重大变化，皇权得到了极大的加强。景帝利用这一时机对诸侯王国进行了大规模的调整。参与叛乱的七国，吴国被除国，楚国仍保存其封国，改任在朝廷担任宗正的平陆侯刘礼（楚元王之子）为楚王。废胶西、胶东、菑川、济南、赵诸国。

景帝有14个儿子，已经分封了6个，七国之乱后，陆续将其余8个儿子封为王，并将原来的封王加以调整。到了景帝中元五年（前145），天下共有21个诸侯王，景帝之子就占了10个。

同时继续大力推行削藩政策，经过数十年的削减，到景帝末年，全国共70郡，汉中央辖郡为44个，各诸侯王占有26郡。而高祖刘邦末年，诸侯王占有的郡要比汉中央多28郡。

除削地之外，景帝还下令改革诸侯王国官制，实际上就是剥夺了诸侯王的治民权。更封国丞相官职为相，以与中央区别。同时将诸侯王国原来的金相印换成银相印，以示低于汉中央。减掉诸侯国的省御史大夫、廷尉、少府、宗正、博士宫等官职，还对官员的名额加以裁剪。命令诸侯王不得参与政事，诸侯王国俸禄四百石以上的官员，由天子任免。设立"内吏"以治民，原来丞相和中尉的职责集于内吏，由汉中央朝廷任免，实际上相当于太守、都尉。诸侯王只能拥有封地内租税的收入，占大头的人口税则收归汉中央朝廷。这样一来，汉初以来的诸侯国问题基本得到解决。

第三章
功臣宿命

周亚夫以一己之力挽救帝国于危亡之际，他也因此步步高升，登上丞相高位。然而在其执政期间，屡次惹得皇帝不满，已经种下了恶果。景帝不能忍受一个功勋卓著又桀骜不驯的大臣。或者这就是功臣的宿命，周亚夫的遭遇和父亲何其相似。他同样被人以莫须有之罪逮捕审讯，然而不幸的是，这一次没有人替他说话。

金屋藏娇

周亚夫平定叛乱之后，仍然担任太尉之职，深受景帝重视。5年之后，也就是景帝七年（前150）二月，周亚夫出任丞相，卸下了太尉之职。此时距离许负为之看相，正是8年。

此时的周亚夫走上了和父亲相同的轨迹，都是因兵起家，都是从太尉升迁至丞相。本来周亚夫深受景帝器重,但是经过废立太子的事情之后,景帝便与周亚夫渐渐疏远了。

汉景帝33岁登基,他的第一个皇后薄皇后是纯粹的政治婚姻。薄太后为了巩固自己和家族的地位,将薄氏之女立为景帝妃,景帝登基后遂将此人立为皇后。由于带有一定的强制性质,所以景帝非常不喜欢这个皇后。景帝六年(前151),薄太后去世,薄皇后也就被废掉了。景帝与薄皇后没有任何感情可言,薄皇后也没有为景帝产下一男半女,也就无所谓嫡长子。

景帝拥有14子,由于没有嫡长子,所以长子刘荣在景帝四年(前153)被立为太子。刘荣的母亲是栗姬,因汉朝皇宫中有着皇帝子女系母姓以区别的习惯,所以太子刘荣也被称为栗太子。

从一开始,栗太子的地位就不是很稳固。景帝先后分封自己的儿子为王,但是在景帝四年(前153)才立刘荣为太子。虽然和薄皇后没有子嗣有关,但是也说明景帝并不是十分看重这个儿子。栗太子虽然被昭告天下,立为皇太子,成为皇位的合法继承人,但是在朝上朝下没有形成自己的影响力。以至于刘荣被废的时候,朝中鲜有人反对。同时,栗太子周围没有形成一个强大的势力集团。栗太子身边只有太子太傅窦婴等人。但是窦婴得罪了窦太后,甚至窦太后除掉了他的门籍,不得朝请。在七国之乱后,景帝考察宗室及诸窦氏,才能都不及窦婴,窦婴才被景帝委以重任。窦婴在平定七王之乱中立有大功,被封为魏其侯。虽然此时窦婴在列侯中表现突出,但是在刘荣被废前没有进入汉王朝的权力核心。因此,刘荣没有一个强大的权力集团作为依靠。

馆陶长公主刘嫖想把自己的女儿嫁给太子刘荣，以维系显赫的地位。如果此事成真，刘荣继位后，长公主刘嫖就能成为太后了，到时候势必势力大增。长公主刘嫖与汉景帝都是汉文帝皇后窦氏的子女，她嫁给了堂邑侯陈午。陈午是辅佐汉高祖刘邦建国的有功之臣陈婴的儿子，有雄厚的家势背景。长公主仗着家族势力和窦太后的宠爱，常常送美人给景帝，景帝因此和这个姐姐的关系非常亲密。正是因为如此，栗姬大吃女人醋，不愿意让儿子娶长公主刘嫖的女儿。

景帝还有很多儿子，长公主刘嫖绝不肯善罢甘休。王美人是景帝身边比较得宠的夫人，虽然出身贫寒，但是王美人聪敏世故，发现有可乘之机，便百般讨好长公主刘嫖，希望自己的儿子刘彻有一天能够成为太子。

刘彻是景帝的第10个儿子，景帝元年（前156）出生，在景帝四年（前153）被封为胶东王。也就是在这一年，刘荣被封为太子。刘彻虽然年幼，但是聪明伶俐，颇得景帝喜爱。长公主刘嫖觉得刘彻是女婿不错的人选，便决定帮他登上太子之位。

有一天，长公主刘嫖将年幼的刘彻抱在膝盖上，问道："你想要个媳妇吗？"刘彻道："想要。"长公主刘嫖指着前面上百个美丽的宫女道："你喜欢哪个就让她做你媳妇好不好？"刘彻摇头道："不好。"刘嫖又指着女儿阿娇说道："娶阿娇为妻好不好呢？"刘彻高兴道："好！若娶阿娇做媳妇，一定用黄金盖一栋房子给她住。"刘彻立下了"金屋藏娇"的誓言，长公主刘嫖决心将刘彻立为太子。

刘嫖为了达到自己的目的，常常向景帝说栗姬的坏话。她对景帝道："栗姬和各位贵夫人及宠姬聚会，常常让侍从在她们背后吐口水诅咒，施用妖邪惑人的道术。"景帝因此对栗姬非常恼怒。

有一次景帝生病，心中不乐，便把封王的儿子们托付给栗姬说道："我百年之后，你要好好照顾他们。"栗姬不但没有满口答应，还一脸怒气，出言不逊。栗姬在关键时刻非但没有答应景帝合理的要求，还做出失礼的事，出言不逊，得罪景帝。景帝此时越来越怨恨栗姬了，虽然怀恨在心，但是没有发作。

长公主刘嫖天天称赞刘彻的优点，景帝也认为这个孩子小小年纪就聪明绝顶，德才兼备。尤其是想到王夫人怀着刘彻时，梦到太阳进了怀中，这可是吉兆，于是更加中意这个孩子了。但是废立太子不是轻易能做决定的，景帝一时不能定下来。

王夫人知道景帝已经非常怨恨栗姬了，便趁着景帝怒气未消之时，煽风点火。她暗中派人催促大臣奏请立栗姬为皇后。一次朝会上，大行官奏事道："儿子因母亲而尊贵，母亲因儿子而尊贵。如今太子的母亲还没有封号，应该立为皇后。"景帝听后大怒道："这是你该说的话吗！"一怒之下论罪处死了大行官。

最终，景帝被长公主刘嫖说动，在景帝七年（前150）废掉了太子刘荣，封为临江王。不久之后，立刘彻为皇太子，王夫人为皇后。

栗太子刘荣被废之后，太子太傅窦婴与景帝力争，景帝坚持己见。窦婴为了表达不满，只好托病辞官回家。

丞相周亚夫认为不能轻易废掉太子，便请景帝收回成命。但是景帝仍然不为所动，甚至开始对周亚夫不满，越来越疏远他了。

值得一提的是,景帝中元二年(前148),刘荣因侵占太庙的土地建宫殿而自杀。不久之后,其母栗姬也郁郁而死。

这场废掉栗太子的政治风波,周亚夫坚持不能轻易废太子是没有错的。太子没有过错就轻易被废,作为丞相不力争才是失职,但却因此被景帝疏远,足堪玩味。

耿直的周亚夫

周亚夫的悲剧是一步步造就的。栗太子之争使景帝对他渐渐疏远,而王信封侯之争则加深了他与景帝之间的裂痕。同时,他已经彻底被拥有强大势力的窦太后所厌恶。

这还要从梁王说起。梁王刘武虽然有觊觎皇位的野心,但是对窦太后却非常孝顺,对哥哥景帝也从没有不臣之心,只是希望景帝在百年后将皇位传给自己。无论如何,梁王对窦太后的感情是真挚的。他每次听说窦太后生病,都"口不能食,居不安寝",希望能够一直留在长安照顾母亲。窦太后更是非常喜欢这个小儿子。

梁王每次到长安见母亲时,除了关心母亲外,还常常发泄对周亚夫的不满。当年七国之乱时,周亚夫谨守计划,拒不营救梁国,差点害得梁王身死国灭,他怎能不对周亚夫怀恨在心呢?梁王对窦太后说的周亚夫的坏话,被太后添油加醋地说给景帝听。景帝对母亲窦太后同样非常孝顺，不能说不受其影响。

窦太后经不住身边的人百般劝说，便向景帝提议封王皇后的兄长王信为侯。找到一个机会，窦太后对景帝道："皇后之兄王信可以封侯。"

景帝一般是不会拒绝母亲的，但是封侯事大，不能轻易做决定，于是为难地说道："先帝并没有封南皮侯和章武侯为侯，是我继位后才将他们封为侯的。如今我继位不久，就要封皇后兄王信为侯，于情于法都说不过去。"

南皮侯是窦太后长兄窦长君的儿子，章武侯是窦太后弟弟窦广国。窦太后出身卑微，很早就与家人失散。后来窦太后成为文帝皇后，才与家人相聚。薄太后对儿媳非常怜惜，于是封其父为安城侯，其母为安成夫人。然而当本来孤苦伶仃的窦皇后忽然有了两个壮年兄弟，这让吃了吕氏外戚多年苦头的文武群臣非常忌惮，唯恐其成长为权倾天下的外戚集团。所以周勃、灌婴等人向文帝进谏，说窦氏兄弟出身寒微，不懂礼仪学问，所以不应该封赏官职，而是应该做个富贵闲人。而且需要选择一些有操行道德和学问深厚的长者与其为邻，每天教导监督他们。

文帝也觉得这种安排最为合适，此后，窦长君和窦广国都成长为有礼有节的谦谦君子。景帝继位后，窦长君已经去世，景帝封其子窦彭祖为南皮侯，封窦广国为章武侯。窦氏兄弟一生未授要职，窦太后崇信黄老无为之学，窦氏姐弟所作所为，得到满朝赞誉。

听完景帝的话，窦太后道："皇帝应该按照不同情形做不同的决定。窦长君还在时，没有将之封侯，死后其子彭祖得以封侯，这件事我非常遗憾。"说到这时，窦太后用严厉的口吻道："皇帝快点封王信为侯。"

封侯之事干系甚大，必须慎之又慎，尤其是外戚封侯，历来为群臣忌惮。景帝不敢答应，也不好当场拒绝，只好对窦太后道："这件事要与丞相商议之后才能做决定。"

窦太后听到这回答不是很满意。

景帝召来周亚夫，对其道："窦太后命我封王信为侯，您意下如何？"

周亚夫道："高皇帝曾经斩白马与诸侯为盟：'非刘氏不得王，非有功不得侯。不如约，天下共击之。'如今王信虽然是皇后的兄长，但是他没有军功，如果将其封侯，违反高皇帝与天下诸侯的约定。"

景帝听了周亚夫的话默言不语，因此没有封王信为侯。

这件事使窦太后对周亚夫的恨意更浓。同时，他也得罪了王皇后。而且景帝此时并非不想将王信封侯，但是封外戚为侯的事干系太大，如果没有群臣的支持，即使是强行封侯，也得不到好的结果。因此作为百官之首的丞相周亚夫的态度就非常重要。

如果这件事已经让君臣的关系裂痕越来越大，那么另一件事则让周亚夫和景帝在执政方针上出现了完全不同的意见。

汉朝北方是广袤的草原。秦汉之际，这片草原上生存着的是匈奴人，与匈奴和亲成为秦汉时的主要政策。到了景帝时，匈奴人的威胁仍然存在。此时汉朝的经济实力和军事实力都很强大，加之景帝继续实行刘邦的和亲政策，通过在边境地区开关市、送匈奴财物、遣送公主等方式努力和匈奴搞好关系。因此，匈奴对汉只有一些小规模的边境骚扰，不再有大规模的军事行动。

在周亚夫不同意王信封侯之后不久，匈奴王徐卢等5位头领向汉投降。这充分说明，汉朝已经积攒了强大的实力，不再是原来任人宰割的局面了。但是对这些人的处理，朝中却产生了分歧。

部分人认为，接受其投降后，给以高官俸禄，而且要封侯，以吸引更多的匈奴人前来投降。但是丞相周亚夫坚决反对为这些人封侯，并对景帝道："这些都是背叛其主来降陛下的，如果将其封侯，陛下又怎么能够让臣子尽忠呢？"

周亚夫所言老成持重，确是丞相应该说的话。但是在这个问题上，将匈奴王徐卢封侯对大汉是最好的。景帝道："丞相的话不可以用。"遂将徐卢等封为列侯。

这件事表明，景帝和周亚夫已经在执政方针上产生了严重的分歧。对于景帝来说，遵行老师晁错教导的"术数"，只要能够达到目的，什么样的手段都可以用。但是对性情耿直的周亚夫来说，道理和规矩才是最重要的，为了维护礼法，甚至可以舍弃利益。

这件事情之后，周亚夫非常不满，因此称病不再履行职责。景帝中元三年（前147），周亚夫因病免相。

以死明志

免相之后不久，景帝召见周亚夫，在宫中设宴款待。但是席上只有一大块没有切开的肉，而且没有放筷子。性情耿直的周亚夫这时便生起气来，便叫人去取筷子。景帝看着周亚夫生气的样子，笑道："这样还不能让您满意吗？"周亚夫摘掉帽子，向景帝行礼称谢。景帝忙说："快起来吧。"周亚夫直起身来，快步走出大殿，竟不告而别。景帝目送他出去后，道："这个不满意的人怎么能辅佐年少的天子呢？"

周亚夫的太过执拗倔强，就连景帝都不能控制得了他，又怎么能指望以后的小皇帝能控制得了呢？对于景帝来说，拥有治国才能的人很多，能不能被很好地控制是用人的重要因素。因此功高盖主、权倾朝野的周亚夫已经成了景帝的心头之患，他不能让这样的人窃取自己或是自己后代的权柄。很快，周亚夫就给了景帝把柄。

这次惹怒景帝的不是周亚夫，而是他的儿子。此时周亚夫已经50多岁了，这在当时已经算是高龄。周亚夫的儿子想为父亲尽孝，于是从工匠那里购买了500具甲盾，准备将来父亲去世后做殉葬品用。

但是周亚夫的儿子怠慢工匠，还倚仗权势不打算给工钱。工匠们知道拥有这些东西是非法的，于是一怒之下将周亚夫的儿子上告。这件事牵连到了周亚夫就不是普通的案件，很快景帝就知道了这件事。

景帝命人追查，到底是怎么回事。追查的官吏见到周亚夫之后，不但没有以礼相待，而且言辞刻薄。周亚夫曾统帅全国兵马，又当过宰相，皇帝都敢顶撞，何况是一个小小的官吏？因其是皇帝所命，周亚夫怒气丛生，无以言表。周亚夫性情耿直，哪受得了这种侮辱，竟要引刃自杀。幸好当时他夫人在场，及时制止了他。此后这名官吏问他问题，周亚夫一言不发，况且他仍不知道是怎么回事。

这名官吏只好向景帝回报道："条侯一言不发，而且差点自杀被其夫人制止。"

景帝问明了情况，对这名官吏怒道："你个没用的东西，我不用你了。"于是召廷尉，让廷尉审问周亚夫。

廷尉是九卿之一，掌管刑狱，是主管司法的最高官吏。廷尉审问周亚夫道："您贵为列侯，想要造反吗？"

周亚夫道："我买甲盾，只不过是想当随葬品而已，哪里说得上造反？"

这名廷尉接着问道："您活着的时候不想造反，恐怕死了想在地下造反吧？"

古人视死如视生，所以秦始皇才在自己的陵墓周围埋下了大量的兵马俑。然而周亚夫仅仅想用500具甲盾殉葬就说他想在地下造反，却是诛心之论了。

眼看廷尉逼迫甚急，周亚夫不再回答问题。为了表明自己的忠心，他在大牢里绝食。史书记载，绝食5天后，周亚夫呕血而亡。一代名将，没有死在战场上，也没能安享晚年，而是因莫须有的罪名在大牢饿死，令人唏嘘。

如果偏要说周亚夫之死是因其性情刚烈、不善谋身，那么其死后景帝的处理则颇堪玩味。周亚夫死后，竟然没有册命新条侯，而是将之除国。一年以后，景帝迫于群臣的压力，册封绛侯周勃的儿子周坚为平曲侯，以继续绛侯的爵位。

周亚夫果然是饿死的，应验了许负的谶言。没有了周亚夫的掣肘，景帝随即封王皇后的兄弟王信为盖侯。刘邦与诸侯的白马之盟再一次被违背。

在唐代李冗编撰的笔记《独异志》中记载了关于周亚夫之死的另一个版本："帝付廷尉饥食藁席九十日，至饿死。"笔记非正史，其可信性不敢妄言，然而却常常能言正史所讳言。景帝无疑是想杀死周亚夫的，但是不能背上妄杀大臣之名，所以让他自己死是最好的方法。

文帝和景帝在历史上做出了重大贡献，但是他们并不是传统意义上的仁德之君。他们对周勃父子的所作所为，充分暴露了其以怨报德、冷酷无情的本性。文帝和景帝都深知周勃父子的为人，他们不可能造反，即便造反也不会在失去权柄之后再造反。无论是周勃还是周亚夫都曾身为太尉，执掌天下兵马。如果趁天下大乱之际，起兵占领长安，成功的希望非常大。然而他们都是凭借自己卓越的才能使天下转危为安，巩固了刘氏天下。周勃安刘自不需说，周亚夫迅速平定七国之乱，才给景帝调整封国制度的可能。

周勃和周亚夫父子都已经被免相闲居，退出了历史舞台，本没必要斩尽杀绝。然而为了消灭潜在的危险，甚至可能是为了杀权臣以震慑功臣，文帝、景帝挥起了屠刀。周勃逃过一劫实属侥幸，侥幸不会有第二次。

周氏父子的悲剧,绝不只是他们两代人的悲剧。刘邦建立的大汉王朝是一个封国制和郡县制并存的体制,甚至一些封国的势力不在朝廷势力之下,从得到天下那一天开始,汉朝的统治者们便在思考打压权臣和诸侯国的问题。无疑,一个强大而集中的政权,在小农经济下更有利于抵御自然灾害,促进社会的发展。因此历朝历代,功高盖主之辈,少有善始善终者。

第三篇
霍光——正直的权臣

常常和霍光相提并论的另一个名字是商朝著名的大臣伊尹。他们都做过一件相同的事——废掉无道天子,另立君王。霍光以大司马的身份执掌朝政,由霍光掌控的内朝成为汉王朝真正的统治中心。作为一个正直的权臣,霍光做到了他该做的一切。

第一章
新贵的崛起

外戚作为朝廷重要的势力之一,已经深入人心。然而皇帝的猜忌却使得外戚往往只是风光数十年,便会在最终迎来灭族的命运。曾经风光一时的吕氏家庭和窦氏家庭,都已经消失在历史中。霍光凭借哥哥霍去病的关系,逐渐在长安站稳了脚跟,并且在接连不断的宫廷斗争当中飞快地成熟起来。

所谓外戚

西汉政治力量中有一股强大的力量,就是外戚。所谓外戚,顾名思义,"戚"意思是血缘上的亲属关系,"外"则表示不是一家人。在中国的伦理观念中,父系亲属是一家,而女系亲属则不算一家人。对于皇家而言,父系家族成员称为宗室,母系的家族亲属称为外戚。

外戚虽然在很早就成为一股政治力量，但是非常弱小。在西汉时期，外戚的政治势力无限膨胀，甚至西汉王朝亡在了外戚手里。霍氏外戚集团的大司马霍光，虽无宰相之名，但凭借手中的权势，执掌天下军政大事，甚至能行废立皇帝之事。

在商鞅变法之前，统治者不能以宗法血缘亲属来区分等级贵贱，而是实行世卿世禄制。所有的爵位和官职都由掌控这个职位的家族在内部传承，除非发生叛乱等重大事件，这种传承非常稳定。在这种制度下，自然没有外戚发展的空间，甚至统治者的宗室也没有足够的势力。秦朝统一天下后，建立了君主集权制。皇帝拥有至高无上的权力，其他人的权力来自于皇帝的赏赐和分封。这样一来，瓦解了诸侯贵族和卿大夫共同执掌朝政、各宗族首领垄断各级行政权的局面。通过在中央设立三公九卿制、在地方推行郡县制，建立了一个封建社会的官僚政治体制。在这种政治体制之下，君主拥有至高无上的权力，可以直接任命百官，掌控着官吏的政治命运，甚至掌控着他们的生命。各级职位不必依靠功劳而获得，更没有家族传承的可能。君主可以凭借个人好恶将平民委任为公卿，也可以随时将公卿贬成平民。官僚制度形成了官吏上下流动的状态，使得"官无常人、爵无常员、族无常贵"。公卿大臣失去了独立的政治、经济、军事地位，也就失去了监督君主的可能。这样一来君主就可以随意任命自己中意的人为官吏。

君主虽然有至高无上的权力，但是天下事务太多，他不可能一人处理，所以需要寻找帮手。历史已经无数次地证明，王侯是不值得信任的，无论是先秦时期的王侯叛乱，还是汉朝建立后的诸侯王叛乱，都让统治者心有余悸。大臣也是不值得信任的，臣子拥有了强大的权力之后，就会反过来制衡君主，这是统治者不愿看到的。同时更不敢将国家权柄交到宗室手里，他们是有资格继承皇位的，他们不但不值得信任，反而是统治者最大的敌人。君主为了治理国家必须寻找帮手，他们环顾四周，发现了两类人：一是外戚，二是宦官。

外戚和宗室一样和皇帝有血缘关系，但是这种血缘关系不足构成对皇位的威胁，外戚的权力和地位是依附于皇权的。宦官更是和皇帝非常亲近，他们的权力同样来源于对皇权的依附，只是在西汉时期，还没有留给宦官足够的施展空间。

西汉初年，刘邦去世之后，吕太后称制，从此吕氏家族在很长时间内把持朝政，形成了一个前所未有的强大的外戚政治集团。此后文帝和景帝时期，群臣忌惮外戚之威，极力压制外戚的发展。

武帝统治时期，一改西汉前期的"无为"政治，依靠前代积攒的财富实行"外攘夷狄，内兴功业"的"有为"政治，将大一统、中央集权的皇帝专制帝国推至一个新的阶段。汉武帝时期仍然面临着功臣掌握国家政权的情况，因此他有意地给予外戚更多的权力，使外戚与功臣争夺，已达到维护和强化皇权的目的。因此，外戚势力在武帝时期急剧发展，成为帝国统治中非常重要的一部分，在政治和历史舞台上都起到了非常重要的作用。

汉武帝之所以能够登基为帝，和外戚有非常大的关系。所以在其对外戚重用的同时，也深刻体会到了外戚的势力强大，这对任何一个帝王来说都是非常危险的。汉武帝采用两种方法削减外戚的势力：一是扶持平民出身的官吏，二是用新外戚对抗打击旧外戚。因此在培养外戚势力的同时，还加强了皇权。

武帝登基之时，窦氏外戚经过40余年的发展，势力强大。窦太后为首的窦氏家族掌握着国家权柄，窦氏家族的窦婴为武帝初期的丞相。在政治上处处受制于窦氏，这更让武帝坚定了除掉窦氏的决心。汉武帝建元二年（前139），汉武帝在平阳公主家中遇到了卫子夫，遂将其带回宫廷，封为夫人。此时的皇后陈阿娇也是窦氏势力的一员，他们对卫子夫入宫做出了强烈的反应。但是武帝不甘示弱，将卫子夫的弟弟卫青封为建章监、侍中，负责监督御林军。卫子夫的大姐君儒是太仆公孙贺的妻子，二姐卫少儿嫁与陈掌，汉武帝对公孙贺和陈掌都有所提拔。卫氏一族，由此显贵。此时武帝已经有意识地造就卫氏势力，并利用其对抗窦氏集团。

汉武帝建元六年（前135），窦太后去世，武帝开始亲政。这时卫氏的势力仍然处于弱势，武帝提升母族田氏外戚的地位，利用舅舅田蚡对抗窦婴，有意识地削减窦氏势力。窦婴在汉武帝元光四年（前131）被武帝"弃市渭城"。与此同时，又以"巫蛊之罪"废掉了陈皇后，将其幽闭在长门宫。这次事件株连者有300多人，窦氏外戚势力被彻底剪除。窦氏衰落之后，田氏外戚盛极一时，但是丞相田蚡品性恶劣，引起了武帝的不满，但是碍于王太后的脸面，不好处置田蚡。汉武帝元光四年（前131）田蚡病死，其子虽然继承了其侯爵，但是几年后便被罢免，田氏外戚的政治势力被瓦解。

武帝时期，功臣仍然拥有巨大的权势。汉武帝重用外戚，最大的原因就是依靠其对抗功臣。窦婴和田蚡的政治思想和武帝基本一致，就是大力推行儒家的有为政治。武帝提拔儒家学者担任国家的重要职位，同时贬低道家思想在政治中的作用。

汉朝建立之初，国贫民乏，使用道家思想中的"无为而治"有利于恢复国民生产，使国家休养生息。这就要求最高统治者尽量少地干预政治和社会生活。这种思想实际上是有意地限制皇权，与此对应的，非常有利于功臣及地方诸侯王势力的发展。到了武帝时期，道家无为思想已经成了维护功臣和地方诸侯王利益的理论。窦婴、田蚡推行的儒家思想，有力地打击了功臣等地方势力，同时将国家带向了一条不同的发展道路。

谁如霍去病

在清除窦氏外戚和田氏外戚的过程中，武帝无疑是胜利者。同时卫氏家族也以此为契机，在武帝的提拔下，逐渐发展成大汉政局中一股重要的力量。在反击匈奴的战争中，外戚卫氏的卫青战功赫赫，地位非常尊贵。同时，卫皇后姐姐卫少儿的私生子霍去病在反击匈奴的过程中展现出了非凡的军事才华，同样取得了极高的地位。因此，卫氏和霍氏的关系在这一阶段非常紧密，形成了卫霍外戚势力。

武帝即位之时，大汉王朝早已摆脱了贫困，进入了全盛时期。民众不再食不果腹，连年的丰收让民众非常富足。当时无论大小仓库，全部堆满了粮食，各官府库房堆满了财物。太仓中的粮食太多了，以至于吃不完，只能扔掉陈腐旧粮才能放得进新粮食。在汉朝建国之时，皇帝都找不到几匹没有杂毛的马拉车，丞相只能乘坐牛车。而到了武帝时期，街巷中乘马者络绎不绝。

拥有足够的财富，武帝下决心要"外攘夷狄，内兴功业"。想要"外攘夷狄"，就必须反击匈奴。汉朝从建国之时起，就一直受匈奴的骚扰和欺压。汉王朝通过通婚等手段，不但要将皇室之女下嫁到匈奴，每年还要赠送匈奴大量的钱财、粮食和其他各种生活物资，以求一时安稳。然而即便如此，匈奴常常不遵守约定，率军进入汉朝境内劫掠财物和人民，甚至不止一次威胁到了长安城的安全。大汉王朝上至王公大臣，下至贩夫走卒，无不对匈奴有切肤之痛。如今国富兵强，正是反击匈奴的有利时机，如此一来，大汉王朝的边境就能彻底安宁了。

汉武帝元光二年（前133），汉军在马邑截击匈奴，断绝了与匈奴的和亲，从此便与匈奴处在了战争状态，大汉与匈奴的关系掀开了新的一页。

汉武帝元光六年（前129），汉武帝命4位大将军各率领万骑，从不同方向出击匈奴。卫皇后兄长车骑将军卫青出上谷（治所在今河北怀来县）；公孙贺出云中（治所在今内蒙古托克托县境）；太中大夫公孙敖为骑将军，出代郡（今河北蔚县境）；卫尉李广为骁骑将军，出雁门（郡治在今山西右玉南）。

这次战争中，卫青的表现尤为突出，率军直捣匈奴龙城，获首虏700余级。龙城，又称龙廷，是匈奴重要的政治、文化中心。匈奴每年五月在此地大会各酋长，并祭祖先、天地、鬼神，对匈奴来说有重要意义。这次战争虽然并没有取得足够的战果，但是具有重要的政治和战略意义。卫青凭借此战之功，被封为关内侯。

汉武帝元朔元年（前128），卫青率3万骑兵出雁门，李息出代郡反击匈奴，得首虏数千，完成了歼敌有生力量的目标，获得全胜，益封卫青3800户。

汉武帝元朔二年（前127），卫青、李息率军出云中向西至陇西，击走匈奴楼烦、白羊王于河南（今内蒙古河套黄河以南），得胡首虏数千，取河南地。卫青因功封长平侯。

汉武帝元朔五年（前124），汉武帝命卫青率6将军，一举歼灭匈奴右贤王主力。汉武帝使使者至塞，在军中拜卫青为大将军，益封8700户，并封卫青子卫伉为宜春侯，卫不疑为阴安侯，卫登为发干侯。

卫青在对匈奴的战争中不断取得胜利，同时围绕在他身边形成了一个庞大的武将兵团。这个集团深受武帝信任和重视，由此拥有崇高的政治地位。

汉武帝元朔六年（前123），不满18岁的霍去病以票姚校尉的身份跟随大将军卫青出击匈奴。"票姚"一词形容骑射娴熟，霍去病在这一战中大放异彩。霍去病一再请战，汉武帝命卫青给霍去病800壮士归其指挥。这一年对匈奴的战争被称为漠南之战。

霍去病虽然没有指挥过战争，但是耳濡目染之下拥有非凡的战争智慧。他凭着一腔热血和出色的谋略，带领800精兵离开大军数百里，偷袭匈奴部队，斩首捕虏匈奴战士2028级。而且斩杀捕获了许国匈奴高官贵族，大胜而归。与此同时，卫青率领的6位将军，并没有展现出大汉风采，反而被匈奴打败。因此，霍去病的胜利沉重打击了匈奴，其勇猛和取得的成果更显可贵，因此，汉武帝取勇冠三军之意，封霍去病为"冠军侯"。

初战便打下了赫赫威名，武帝对霍去病另眼相看，扶植栽培之意明显。此时大将军卫青势头正盛，武帝必须扶植一位同样能征善战的将领。汉武帝元狩二年（前121）春，武帝任命霍去病为骠骑将军，率领万名精锐铁骑，从陇西出发攻打匈奴。此时的霍去病已经有了丰富的战斗经验，但仍没有指挥过大兵团作战。在这次战争中，霍去病的骑兵闪击战术获得了首次大兵团验证，结果每战必胜。霍去病指挥铁骑深入匈奴腹地，穿插迂回，在6天中转战5大部落，歼敌4万余人，俘虏匈奴王5人及王母、单于阏氏、王子、相国、将军等120多人。经此一役，武帝相信霍去病已经成长为一名优秀的将领，他的军事能力已经足以匹敌卫青。

这一年秋天，霍去病奉命迎接率众降汉的匈奴浑邪王。然而有部分匈奴人不愿投降大汉，恐将生乱。霍去病冲入匈奴军中，斩杀哗变匈奴人8000人，降伏了余下的4万多人，带领他们归汉。汉朝由此控制了河西地区，使得汉朝可以与西域取得联系。匈奴人为此悲歌："失我祁连山，使我六畜不蕃息；失我焉支山，使我嫁妇无颜色。"

汉武帝元狩四年（前119），武帝决定彻底消灭匈奴主力。负责这次战争的正是大将军卫青和骠骑将军霍去病，而此时霍去病只有22岁。武帝命卫青和霍去病各率领5万骑兵，步兵十数万，深入大漠寻找匈奴主力。

这次决战成就了霍去病在历史上的地位，其突袭战术达到了新的高度。他率领机动性极强的骑兵部队，迂回纵深，穿插包围，寻找敌人相对薄弱的环节，然后给予对手毁灭性打击。为了增加机动性，霍去病的部队以骑兵为主，同时舍弃辎重，取食于匈奴，这是对传统战术颠覆性的试验。此战中，霍去病深入匈奴境内2000余里，俘获屯头王、韩王等3人，俘获将军、相国、当户、都尉等83人，斩首70443级，而自身损失不过十之二三。同时"封狼居胥山，禅于姑衍"，"封"是祭天大礼，"禅"是祭祀地的礼仪，在狼居胥山（今蒙古肯特山）禅祭天，在姑衍山（今蒙古肯特山以北）祭祀大地。这在心理上彻底瓦解了匈奴人的斗志，从此匈奴在漠南的势力被一扫而光，匈奴单于逃到漠北。此战改变了汉朝对匈奴战争中的守势状态，一举打败匈奴，从而保证了整个北方地区的安全。

汉武帝在建元二年（前139）罢太尉之位，元狩四年（前119）设置大司马之位。大将军卫青和骠骑将军霍去病因功劳甚大，加封大司马，以冠将军之号。汉武帝时期的大司马代替太尉之权，但是没有印信也没有加绶，是官上的加官，其地位高低要靠所加将军的地位来体现。

此时霍去病的俸禄和地位已经和大将军卫青等同。为了表彰其功绩，汉武帝又划定5800户增封霍去病。和霍去病一起出征的将领，都得到了相应的封赏。霍去病兵团已将成为外戚中非常有势力的一股政治力量。

卫子夫在汉武帝元朔元年（前128）生下了皇子刘据，因此被立为皇后。6年之后，刘据被册封为太子，成为大汉王朝的法定继承人。至此，内有皇后卫子夫、太子刘据，外有以大司马、大将军卫青和大司马、骠骑将军霍去病为首的外戚势力。此时的卫霍两家已经拥有了庞大的势力，史称卫氏"贵震天下"。当时天下传唱一首歌谣："生男无喜，生女无怨，独不见卫子夫霸天下。"

卫霍势力之所以如此庞大，和武帝时期开始孕育的中朝制度有很大关系。西汉初期丞相为百官之首，拥有的权力很大，甚至能够成为制约皇权的存在。当解决了诸侯王和功臣，汉武帝为了加强集权，将目标锁定了丞相。为了抑制相权，汉武帝设立中朝，使之形成中朝和外朝对立的局面。武帝利用中朝瓜分和夺取外朝的权力，使皇帝的意志能够更方便地贯穿到执政当中。

中朝由大司马、左右前后将军、侍中、常侍、散骑诸吏组成的参谋、决策机构，可以出入宫禁，随时为皇帝出谋划策。这个机构直接接受皇帝指挥，能够充分体现皇帝的意志。与之对应的就是外朝，是由丞相为首的三公九卿组成的行政机构。皇帝故意将其排挤出核心权力圈，因此中朝设立后，丞相的作用和权力下降，由此制约了相权。

中朝官地位最尊崇的是大将军。霍去病被封为骠骑将军，其地位与大将军等同，属于同一级别，他们的地位甚至在丞相之上。汉武帝时期的大将军、骠骑将军虽然职位尊崇，但是在武帝时期只是纯粹的军事长官。卫青和霍去病也自知权势滔天，因此非常自觉地尽量不参与朝廷大事。

随着政局的发展，大将军的职权逐渐增大，其权柄逐渐凌驾于宰相之上。而大将军一职多由外戚担任，这就为外戚干政提供了制度上的保证。外戚以大司马、大将军身份成为中朝领袖，参与朝政大事，与闻封奏，控制外廷，权倾天下。外朝丞相权力的削弱，中朝大将军权力膨胀，得以使外戚权力达到顶峰。

霍光以大司马、大将军身份受遗诏辅佐昭帝，霍光得以决策所有政务。借助中朝制度，外戚霍氏在长时间内权倾天下，任免百官，甚至废立皇帝。

霍光入长安

霍去病的母亲是卫子夫的姐姐卫少儿，他的父亲名叫霍仲孺。霍仲孺是平阳县的小吏，年轻时曾在平阳侯府上当差。他在平阳侯府上时，和一个名叫卫少儿的婢女交好，很快两人便互生爱慕之心。他们生了个儿子，就是霍去病。霍仲孺后来离开了平阳侯府，也就和卫少儿母子失去了联系。霍去病是以一个私生子身份出生的，虽然出生在高门大户之中，但是他的童年过得非常艰难。卫少儿后来下嫁给一位姓陈的人家，但是霍去病的私生子身份并不能使他们的生活得到多大改善。

谁能想到卫少儿的妹妹卫子夫竟能被皇帝看上，被带进了宫里，卫氏一门得以飞黄腾达。霍去病也因此有了施展才能的机会，年纪轻轻就做了官。做官之后的霍去病时刻想着找到自己的父亲。虽然是私生子，并因此饱受生活的磨难，但是他并不因此怨恨父亲。

汉武帝元狩二年（前121）的夏季，霍去病已经取得了常人无法取得的成绩，也获得了崇高的地位，他便要去寻找自己的父亲。

这天平阳县里的达官贵人都听说朝廷有位风头最盛的将军，要莅临此地，因此都到郊外去迎接。霍去病没有理会殷勤的县中豪杰，反而询问有没有一个叫霍仲孺的人。霍仲孺非常不起眼，虽然也是官吏，但是他这种小官吏多如牛毛。县中有人认识霍仲孺，便向霍去病禀报。霍去病获得了父亲的消息，不再理会众人，带领着手下便去寻找父亲。

霍仲孺得知有位将军寻找自己，不禁暗自捉摸，自己确实有意无意间得罪过一些人，但是万万不会和一位将军有交集。心烦意乱之际，他只觉要大祸临头，即便是想要逃走都不敢。

霍仲孺只听得自己的上级在门口喊道："霍仲孺，将军到了，还不快来迎接。"

霍仲孺闻听此话，心中一阵乱颤。就在迷离之即，只见一位金盔金甲的大汉将军跪在了自己的面前。只听这将军道："孩儿见过父亲大人。"

不但霍仲孺愣在了当场，县中官吏豪杰们也愣住了。霍仲孺哪敢认下这个威风凛凛的大将军做自己的儿子，急忙道："将军何出此言？"

霍去病道："您是否曾在平阳侯府当差？"

霍仲孺疑惑道："是的，已经是很久以前的事了。"

霍去病又道："您是不是和一个婢女交好？"

霍仲孺听闻此事大惊失色，已经20多年没人提及，他又是怎么知道的？只听霍去病继续道："卫少儿是我的母亲，我就是您和母亲的儿子霍去病呀。"

霍仲孺听闻此言，不禁悲从中来，曾经自己只是一个小吏，根本不能左右自己的命运。如今已经20多年了，没想到却有了这样一个儿子。抱着儿子,他失声痛哭起来。战场上冷血果断的霍去病也为之所感,父子两人相互抱着痛哭。

霍仲孺虽然没有忘记卫平儿,但是已经在家乡娶妻生子。霍去病道:"您跟我去长安吧,也在长安享受天伦之乐。"

霍仲孺道:"为父已然习惯平阳县了,去了长安恐怕就不知该如何是好了。我只是放心不下你的弟弟霍光,不能让他在平阳县这个小地方埋没一生呀。"

霍去病此时看到了一个十来岁的男童,只见他长得唇红齿白,一双眼睛炯炯有神,对自己竟没有丝毫畏惧,不禁有些喜欢这个弟弟。他又随意问了几个问题,小霍光泰然自若,对答如流,更是欣喜。他对霍光道:"可愿意跟我去长安?"

霍光听说过长安,那里拥有整个世界上最华美的宫殿,拥有最可口的食物,所有的大人物都住在里面。霍光如何不肯,便道:"只怕哥哥不带我去呢!"

霍去病闻言大笑道:"你是我弟弟,如何不肯?待战事一结束便带你去长安。"

战事结束之后,霍去病给父亲买了大量土地,建造起华美的房屋,并购置奴婢,好让父亲安享晚年。霍光则被带到了都城长安,从此他的人生将是一条完全不同的轨迹。

霍光来到长安之后,被眼前的景象给迷惑住了,他从来没有见过如此富饶繁华的地方。人们穿的衣服比云朵还要柔软,住的房子比仙宫还要华丽,市场上贩卖各种从没见过的物品,所有的一切对小霍光来说都是那么新鲜。很快他就从震惊之中清醒过来,他知道如果没有哥哥霍去病，他不可能走出平阳县，更不可能居住在繁华的长安城。他开始努力学习各种知识，小小的他已经知道，只有拥有足够的才华才能在长安城中拥有一席之地。

当时西汉王朝有一种"任子"制度，这是高官所享有的一种特权。西汉王朝为了规范"任子"制度，拥有明确的法律条文《任子令》。令文中说，俸禄在2000石以上的高官，任满3年，不问其子弟才能品德如何，都可以获得做官的资格。除了任子弟外，有时候也可以任孙、侄等亲属。霍去病贵为大司马，自然拥有"任子弟"的权利。于是霍光凭借哥哥的权势，成为一名郎官。

郎官不同于一般的官吏，是能够随时出入宫禁接触皇帝的。郎官以守卫大内、出任车骑为主要职责，也随时被皇帝顾问差遣，因此有大量的机会接触皇帝，很容易受到皇帝的赏识。

霍光第一次跟随哥哥入宫，年纪尚幼，见到大内宫殿及摆设，不觉目瞪口呆。霍光从小在平阳县长大，华丽的衣服都没穿过，哪能想象皇宫大内的壮丽。霍去病见霍光失态，及时提醒道："皇宫大内，不比别处，不可随意张望，要守规矩，稍有不小心便会引来杀身之祸。我在朝廷为官，自会好生照顾你，但是你也要好自为之。"

霍光闻听此言，心中凛然，意识到这是皇宫大内，自当谨言慎行，对霍去病道："兄长所言极是，弟谨记在心。"

霍去病也知自己这个同父异母的弟弟聪明异常，且为人稳重机敏，因此才让他进入宫中侍奉武帝。听他这样说，便放下心来。

虽然霍光小小年纪，但是举止有度，对答有节，对于武帝交代他的事也能以最合适的方式完成。因此不久之后，霍光迁任诸曹侍中。

汉武帝元狩六年（前117），年仅24岁的霍去病病逝。虽然小小年纪便战功赫赫，但是在连年征战中，霍去病染上了一身伤病，加之当时医疗条件有限，年纪轻轻就去世了。霍去病是霍光在朝中的依靠，失去依靠后，霍光只有更加规规矩矩，此时只能依靠自己了。

霍去病去世后，霍光升任奉车都尉、光禄大夫，随时侍奉在武帝左右。光禄大夫是俸禄两千石的大官，掌管群臣议论，依皇帝命行事。拥有这个职位，说明霍光已经进入了大汉王朝的权力核心。

霍光行事格外谨慎小心，生怕出一点差错。他经常出入宫廷，每次都沿着同一条路走，甚至每次停步的位置都相同。守卫宫门的郎官们注意到这些，便悄悄地观察霍光，发现他走路的速度和停留的位置果然每次都分毫不差，于是霍光知进退、懂规矩的名声在外。因此他深受武帝信任，有什么事都会和他商议。霍光小心侍奉武帝20多年，从来没有出过差错。不久之后，一场政治风暴就要猛烈地吹向大汉政局，霍光在其中只有更加小心谨慎，才能得以幸免。

巫蛊之祸

　　凭借西汉王朝数十年积累的财富,汉武帝做了许多前人无法做到的事情。汉武帝在政治、经济、文化等领域都取得了重大的成就,开创了西汉王朝鼎盛繁荣的时期。在他的治理下,汉王朝成为当时世界上最强大的国家,汉武盛世成为中国历史上的三大盛世之一。然而在汉武帝晚年,皇帝权力空前强大,加之对外用兵不断取得胜利,他开始骄傲自满,为所欲为,以至于导致朝廷内部矛盾、民族矛盾、阶级矛盾几乎产生激变。汉武帝在追求世俗权力的同时,将目光瞄上了苍茫的上天,希望通过寻访仙药和修炼等方式长生不老,永保皇位,以至于谶纬之学非常流行。多方面的原因,促成了武帝晚年震惊朝野的巫蛊之祸。

　　所谓"巫蛊",是以民间风俗迷信作为观念基础而施行的加害于人的一种巫术形式。"蛊"原本是指以毒虫让人食用,以至于让人生病。汉代最流行的"巫蛊"形式是将桐木削制成仇人的形象,然后在桐木人上插上铁针,埋入地下,并诅咒仇人,企图以这种方式使仇人遭难。

　　晚年的汉武帝已经与群臣、百姓离心离德,因此一直以为有人会害自己,于是认为有人会用"巫蛊"的方式诅咒自己。每当接到这样的奏报,武帝都深信不疑,派人大肆搜捕。巫蛊之祸最早发生在汉武帝天汉二年（前99），汉武帝接到奏报，有人对其下巫蛊，诅咒汉武帝。于是他命人在长安进行了一番大规模搜捕，两千石以下官员及平民死伤无数。长安大搜捕可以看作是巫蛊之祸的前奏，而开端则是汉武帝征和元年（前92）的朱安世事件。

朱安世被称为阳陵大侠，常常以武犯禁，遭到汉武帝通缉，但是很多年都没能将其逮捕。当时的丞相名叫公孙贺，其妻卫君孺是皇后卫子夫的姐姐，因此也算是卫霍外戚中的一员。公孙贺的儿子太仆公孙敬擅自挪用北军1900万钱，案发后被捕。公孙贺向武帝请求，以功赎罪，自请逮捕朱安世以交换儿子平安。

朱安世被公孙贺逮捕后，向武帝诬告公孙敬与阳石公主私通，并在汉武帝所走的驰道上埋下偶人，以"巫蛊"诅咒汉武帝。汉武帝震怒，命人彻查。汉武帝征和二年（前91），丞相公孙贺与儿子公孙敬在狱中自杀，公孙氏被灭族。公孙贺父子死后，卫皇后女诸邑公主和阳石公主以及卫青长子卫伉也被株连杀戮。这些人都是卫氏外戚中的主要人物，此次事件很明显可以看出是在打压卫氏外戚。然而这只是开始，最终的目标却是太子刘据。

此时刘据已经当了30多年的太子，在他身边已经形成了一个庞大的政治势力。这个政治势力不但包括卫氏外戚，还包括许多不满武帝残酷政策的大臣。武帝在执政后期，肆意杀戮，为所欲为，引起了许多朝臣的不满。而卫太子刘据性情宽厚，常常为大臣平反。许多认同刘据政策的大臣都开始亲附太子，这对汉武帝来说是个威胁。

执政理念的差别，使汉武帝对太子越来越不满。加之卫皇后年老色衰，不再受汉武帝的宠幸，卫氏外戚遭到打压。其他皇子见有可乘之机,纷纷培植自己的势力,企图获得汉武帝的青睐,获得皇帝的宝座。

此时朝中还有一群人,见汉武帝迷信谶纬,厌恶"巫蛊",上书污蔑某某暗藏"巫蛊"诅咒皇帝。被诬告者往往不得善终,诬告者却因此得利,更加重了这些官吏的投机心理。其中以诬告投机上位的佼佼者中,有一个叫江充的。

江充得势骄横,曾经和太子刘据有过节。有一次江充看到太子家臣乘车马在皇帝御用的驰道上行驶,江充扣留了太子的车马。太子几次向江充求情,请他不要将这件事告诉汉武帝。江充不但不听,反而将这件事告诉了汉武帝。汉武帝听后对其大加赞赏道:"人臣当如是矣。"江充因此深受汉武帝重用。然而他也因此与太子结下仇怨,生怕太子即位之后找自己算账,便想找机会先下手为强。

有一次汉武帝生病,常常梦见有数千神魔持棍棒向他砸来,因此开始疑神疑鬼,以为有人在诅咒他。江充这时对武帝说:"这是有妖人设'巫蛊'诅咒陛下,应彻查奸人。"汉武帝命江充为使者,负责处理"巫蛊"事件。

江充肆意陷害与自己不和的大臣,并命人制造假现场,诬陷其设"巫蛊"诅咒汉武帝。因此一大批大臣被其谋害,整个长安城人心惶惶。江充趁机向汉武帝诬告太子道:"太子想早日登基,因此在宫中埋下许多木人,整日诅咒陛下,巴不得陛下早日归天。"

太子听到这个消息后,吓得魂不附体。尤其是想到汉武帝对自己越来越不满,很可能听信江充的话,这对自己非常不利。

少傅石德对太子道:"公孙贺丞相父子和两位公主都以巫蛊之祸被诛,如今江充带胡巫到东宫挖出木人,意在陷害殿下。殿下更是无从申辩,不如将其斩杀,再向陛下陈情。"

太子犹豫道:"江充奉命行事,擅自缉捕,不太好吧?"

石德道:"陛下如今正在甘泉宫养病,不能理事,所以奸臣才得以妄为。若不先下手,恐怕重蹈扶苏覆辙。"

太子闻言,认为极是,如果不尽快将之处理,恐怕祸患不远。于是带领武士,捉拿江充。太子见到江充后,不由分说,将之斩于剑下。帮助江充挖出木人的胡巫,太子对其极其怨恨,将之烧死在上林苑中。随后引兵攻入丞相刘屈氂府中,刘屈氂引身逃跑,匆忙中丢失左丞相官印。

丞相长史乘驿舍的快马直奔甘泉宫,将此事奏闻汉武帝。汉武帝听了江充的报告,早就对太子生疑,得知太子杀了江充后,不禁勃然大怒。他问长吏道:"丞相在干什么?"

长吏道:"丞相在封锁消息,事关重大,不敢妄自发兵。"

汉武帝大怒道:"事情到了这个地步,还有什么好封锁的?丞相不知道周公杀了管叔、蔡叔吗?"于是下诏给丞相刘屈氂:"捕斩反者,自有赏罚。以牛车为橹,毋接短兵,多杀伤士众。紧闭城门,毋令反者得出。"意思是平定叛乱之后,会有封赏,而且要以牛车做盾牌,不要过多杀伤士众,更不能让造反者逃跑。

汉武帝不放心,急忙从甘泉宫回到长安,停住在长安城西的建章宫,下诏征发京兆尹、左冯翊、右扶风三辅靠近长安各县的军队,亲自部署指挥平定叛乱。

丞相接到命令后,当即调集人马,缉捕太子。太子和丞相在长安城中大战三天三夜,仍是不分胜负。第4天时,汉武帝才回到建章宫，此时援军也已到了。太子兵败，逃出长安城。太子刘据的母亲皇后卫子夫，因之被迫自杀。

在此战中太子全家除一个孙子外全部遇害，追随太子的官员被大范围清洗。致使皇室贵胄、公卿百官受到重大冲击，皇室的权威自此一落千丈。繁华富丽的长安城也因这次事件受到了沉重的冲击，数万人的死亡令渠水为之变色。武帝制定的治国方针也因此事被打乱，直接导致了后世西汉王朝的无序和社会动乱，使西汉王朝开始走向衰落。

事变之后，"巫蛊"中的冤案逐渐显现出来。当得知"巫蛊"大多是江充诬陷之后，汉武帝也开始反思自己的所作所为。被封为壶关三老的令狐茂素来耿直，常常仗义执言，在太子兵败逃跑后，作《上武帝讼太子冤书》力陈是非。他在上书中写道："臣闻父者犹天，母者犹地，子犹万物也。故天平地安，阴阳和调，物乃茂成；父慈母爱，室家之中子乃孝顺。阴阳不和，则万物夭伤；父子不和，则室家丧亡。故父不父则子不子，君不君则臣不臣，虽有粟，吾岂得而食诸！昔者虞舜，孝之至也，而不中于瞽叟；孝已被谤，伯奇放流，骨肉至亲，父子相疑。何者？积毁之所生也。由是观之，子无不孝，而父有不察，今皇太子为汉适嗣，承万世之业，体祖宗之重，亲则皇帝之宗子也。江充，布衣之人，闾阎之隶臣耳，陛下显而用之，衔至尊之命以迫蹴皇太子，造饰奸诈，群邪错谬，是以亲戚之路隔塞而不通。太子进则不得上见，退则困于乱臣，独冤结而亡告，不忍忿忿之心，起而杀充，恐惧逋逃，子盗父兵以救难自免耳，臣窃以为无邪心。《诗》曰：'营营青蝇，止于藩；恺悌君子，无信谗言；谗言罔极，交乱四国。'往者江充谗杀赵太子，天下莫不闻，其罪固宜。陛下不省察，深过太子，发盛怒，举大兵而求之，三公自将，智者不敢言，辩士不敢说，臣窃痛之。臣闻子胥尽忠而忘其号，比干尽仁而遗其身，忠臣竭诚不顾鈇钺之诛以陈其愚，志在匡君安社稷也。《诗》云：'取彼谮人，投畀豺虎。'唯陛下宽心慰意，少察所亲，毋患太子之非，亟罢甲兵，无令太子久亡。臣不胜惓惓，出一旦之命，待罪建章阙下。"

汉武帝接到令狐茂的上书，心有所感，但是仍然没有赦免太子。此时高寝郎田千秋道："子弄父兵，罪当笞；天子之子过误杀人，何罪之有！臣尝梦见一白头翁教臣言。"

此时汉武帝已经知道太子刘据当时发兵并无反意，而是出于恐惧。见到田千秋的上书，他便明悟过来，于是召见田千秋。武帝见田千秋身高8尺，体貌俊伟，很喜欢他，对他道："父子之间的事情，别人是很难说话的，只有您明白其实不是这样。这是高庙的神灵让您来开导我，您就应当成为我的辅佐。"下令将田千秋封为大鸿胪，几个月后让其接替刘屈氂担任丞相。

汉武帝醒悟之后，下令灭江充一族，同时赦免太子的罪行，派人寻找太子，将其迎接回长安。然而，他没有等到太子回长安的消息，等到的却是太子在逃亡途中自杀的消息，武帝听闻悲痛不已。为了寄托哀思，汉武帝修建了一座宫殿，名为"思子宫"，还在太子死去的地方，修建了一座高台，名叫"归来望思台"。

太子之争

无论如何，此时的汉武帝已经当了50多年的皇帝，即便回归到正确的途径上来，他的时日也已不多。培养了30多年的接班人已经不会再回来了，他必须思考继承人的问题了。

汉武帝共有6个儿子，嫡长子是太子刘据，除去他之外还有老二齐王刘闳、老三燕王刘旦、老四广陵王刘胥、老五昌邑王刘髆和老六刘弗陵。刘闳已经夭折，燕王刘旦和广陵王刘胥都是李姬所生，刘弗陵是钩弋夫人之子。

嫡长子刘据和老二刘闳都已去世，排行第三的燕王刘旦非常高兴，从顺序上来说，该轮到自己当太子了。于是为了试探汉武帝的态度，燕王刘旦上书汉武帝，请求从燕国回到都城长安做汉武帝的宿卫。实际上是想回到长安，常伴汉武帝左右，以便能够顺利成为太子。

人君最忌讳的就是别人惦记自己的皇位，即便是自己的亲儿子也不行。汉武帝接到燕王刘旦的上表，非常气愤，心道：如今我还身体强健，燕王就想争夺皇位。如果我身患重病，还不起兵造反呀，这样的儿子绝不能继承皇位。汉武帝将燕王刘旦派遣来的使官关进了监狱里，断绝了燕王刘旦继承皇位的可能。

汉武帝的第五子昌邑王刘髆拥有不小的一股势力，他的舅舅正是贰师将军李广利。而丞相刘屈氂的儿子娶了李广利的女儿，他们之间是儿女亲家。围绕在昌邑王刘髆周围的是一个庞大的李氏外戚集团。李广利想立自己的外甥昌邑王刘髆为太子，为了这件事屡次和丞相刘屈氂商议。刘屈氂自然百般应允，如果此事能成，他的地位也将更上一个台阶。何况刘髆在几位兄弟里面，也非常具有竞争力。

汉武帝征和三年（前90），匈奴人入侵上谷、五原、酒泉，武帝派遣李广利率兵7万，前去迎敌。同时派遣重合侯马通率兵4万出酒泉、秅侯商邱率领2万人出兵河西。这是汉武帝统治下的西汉王朝第5次大规模出兵匈奴。

丞相刘屈氂送李广利到了渭桥，李广利对丞相道："君侯如果能早日请立昌邑王为太子，您可长享富贵，不会再有忧患。"

刘屈氂自是满口应允，等找到合适的机会，就会向武帝建言。

在此次与匈奴的大战中，秅侯商邱出河西，与匈奴军大战多日，攻破了敌人阵地，杀伤很多匈奴军士。战至蒲奴水，匈奴军队见战局于己不利，收兵而回。秅侯商邱方向的任务完成。

重合侯马通出兵酒泉，此方向的匈奴兵见汉军兵强马壮，收兵避战。汉军担心车师国阻碍到马通军队，于是派闿陵侯带兵包围车师国，俘虏了车师国国王和大量民众而回。

李广利率大军出塞，派遣属国胡骑2000与匈奴军接战，匈奴败退，死伤者数百人。汉军乘胜追击至范夫人城，匈奴四散奔逃，不敢与汉军对抗。

然而就在此时，内者令郭穰向汉武帝密告，丞相刘屈氂的妻子不满汉武帝对丞相多次责备，请巫祈祷神灵，祝诅武帝。同时还向汉武帝密告，丞相刘屈氂与李广利共同向神祝祷，希望昌邑哀王刘髆将来做皇帝。

汉武帝闻言大怒，下令主管司法的廷尉查办此事。丞相刘屈氂以大逆不道的罪名处以腰斩，并将尸体装在车上游街示众。刘屈氂的妻儿在长安华阳街斩首，李广利的妻儿也遭逮捕囚禁。

正在前线与匈奴军作战的李广利，得知妻儿因巫蛊被捕，又惊又怕。有人劝他向匈奴投降，他知道这样做，自己的一家老幼都会被处死，不如立功赎罪，争取一线生机。于是他在战术上开始急功冒进，虽然在前期取得了一定成果，但是也使得士卒疲敝，最终被匈奴设计，遭到惨败，7万大汉战士葬送在李广利手中。李广利只好向匈奴投降。

武帝闻听李广利兵败投降匈奴，本来就对其心生怨恨，此事更是让他怒从心头起。这次大败，李广利应该承担责任，于是灭李氏满门。

汉武帝暗自思忖，许多祸事都是出自巫蛊。此次西征失败，更是让汉武帝开始思考近年来的执政得失。

汉武帝利用汉王朝西域远征军战事失利的时机，开始系统地转变执政方略。汉武帝征和四年（前89），汉武帝宣布："朕即位以来，所为狂悖，使天下愁苦，不可追悔。自今事有伤害百姓，靡费天下者，悉罢之！"为了对外战争和建立强有力政府的需要，汉武帝实行了一系列与民争利的政策。废除这些政策，是对政府重大政治失误在一定程度上的修补。随后，汉武帝正式颁布《轮台诏》，被誉为

"仁圣之所悔"。在这份诏书里，他否定了部分朝臣主张的将西域战争升级的计划，并把行政重心转移到和平生产方面来。这标志着汉武帝政治制度的重大调整，此时其统治思想发生了巨大变化，不再注重发展军备和实行严刑峻法的统治方式，而是转向了发展生产、相对柔和的统治方式。从某种意义上说，此时汉武帝的治国理念才和所倡导的"儒术"相符合。同时立田千秋为宰相，负责政策上的转变。

尽管在政策上一改往日风气，但是选谁为继承人，仍然是摆在汉武帝面前的重要问题。如果继承人选不好，就不能延续自己的政策，那么西汉王朝离亡国也就不远了。经过李广利的事件之后，昌邑王刘髆已经被排除在了候选人名单之处。还有两个人选，一是广陵王刘胥，二是小儿子刘弗陵。

汉武帝的第4个儿子广陵王刘胥，力气很大，一个人就能把大鼎举起来，曾经赤手空拳和猛兽搏斗。但是他行事莽撞粗鲁，常常办错事。这样的人自然不适合继承皇位，况且武帝一直就不喜欢这个儿子。

武帝思前想后，只有少子刘弗陵适合继承皇位。刘弗陵虽然年纪尚小，但是身体强健，聪明伶俐，小小年纪就有帝王之资，假以时日定能成为明主。

然而刘弗陵年纪尚幼，还有个非常年轻的母亲钩弋夫人。如果钩戈夫人像吕后一样，挟持幼帝，称制独裁，那么大汉江山就要再经一次动荡了。为了大汉的江山，汉武帝不得不丢弃个人好恶，除掉将来的祸患。

有一次,汉武帝和钩弋夫人在一起,汉武帝故意斥责她。钩弋夫人见汉武帝生气,拔下头上的簪子,跪地谢罪。汉武帝不予理会,叱令侍卫道:"来人,将她带下去,送入狱中。"

钩弋夫人只以为汉武帝是一时生气,哪想得到竟然真的将她关押起来。她自从入宫以来,自是百般恩宠,哪曾受过这样的委屈?不禁泪似连珠,频频望向汉武帝。汉武帝见钩弋夫人梨花带雨,更是分外迷人,心中难免不忍,但是想到大汉江山,也只能委屈她了。他催促道:"去去!你休想再活了!"

钩弋夫人被关进狱中,当天夜里,被汉武帝下诏赐死。

汉武帝问左右道:"外人有何议论?"

左右回答道:"人们都说陛下将立少子为太子,不知为何先杀其母。"

汉武帝喟然长叹道:"庸人无知,竟不解朕意。帝少母壮,国家必将生变。众人不见吕后之事吗?"

顾命大臣

刘弗陵毕竟年纪尚幼，将来登基为帝必须选贤明之臣辅佐才行。能够辅佐幼帝的除了拥有治国之能外，必须是恭谨之辈。汉武帝将目光投向了跟随自己20多年、从来没有犯过错的霍光。霍光从十几岁为官之日起就跟随在汉武帝身边，以小心谨慎闻名，可以担当重任。满朝文武才能卓著者有之，但是像霍光这样老成持重又才识卓绝的却是不多。

有一次霍光侍奉在武帝左右，武帝对他道："朕有一幅画，请你鉴赏一番，须用心观看。"

霍光听闻汉武帝赐画，忙行礼，接过画卷道："谢陛下赏赐。"

霍光回到府中，展开画卷。只见画的是一个老人怀抱一个小孩，正在接受大臣们朝拜。明眼人一看即知，这是一幅周公辅成王朝诸侯图。周朝时，周武王临终时将幼子周成王托付给了弟弟周公旦。周成王继位后，周公一直忠心耿耿地帮助周成王治理国家。由于周成王年幼，实际上国家大小事务全部由周公处理。待到周成王年长，能够自己亲理政务的时候，周公才将权力移交给周成王。图中的小孩就是年幼的周成王，怀抱孩子的就是周公。

转念一想，霍光便明白了汉武帝的意思。这是要自己像周公一样，辅佐年幼的皇帝，帮助幼帝执掌国政，等到幼帝能够亲政之后，再将权力还回去。

曾经和霍光一起救过汉武帝一命的金日磾，素来笃厚谨慎，也可以托付社稷。金日磾本是匈奴休屠王太子，休屠王和浑邪王一直在河西地区活动。汉武帝元狩二年（前121），匈奴在同汉军的作战中遭到了猛烈打击，损失惨重。匈奴单于责备他们无能，打算惩罚他们。休屠王和浑邪王不想坐以待毙，遂打算向大汉投降。

汉武帝派遣霍去病领兵出迎，浑邪王便要和休屠王一起去投降汉朝。但休屠王此时竟有些后悔，不愿投降了。霍去病和浑邪王大怒，杀死了休屠王，整合了休屠王人马，继续向东，投向汉朝。

到了长安，浑邪王受到汉武帝优待。休屠王全家则被充作养马的奴隶。金日磾作为休屠王的太子，虽然只有14岁，但也未能幸免。

金日磾做事勤勤恳恳，将马养得膘肥体壮。有一次，金日磾领马过殿被汉武帝见到了。汉武帝见此人相貌堂堂，目不斜视，养的马又非常好，遂问他姓名。得知其出身后，汉武帝命他为马监。随后又任命他为侍中，侍奉左右，以供汉武帝差遣。

金日磾对汉武帝忠心耿耿，被汉武帝看重，逐渐委以重任，从一个牵马小卒逐渐成长为国之重臣。他的儿子弄儿也为汉武帝所看重，但是弄儿仗着父亲权势和汉武帝的恩宠在殿下与宫女嬉闹，正好被金日磾撞见。金日磾一怒之下，杀了弄儿，于是更加被汉武帝敬重。

而金日磾救驾之举，更是为汉武帝所看重，这件事情也和巫蛊之祸有关。马何罗本姓马，后人改为莽。巫蛊之祸前，他与江充交好，在巫蛊之祸中没少帮江充的忙。在与太子交战中，马何罗的弟弟马通奋勇作战，因此得以封爵。但是在汉武帝征和二年（前91），汉武帝得知太子冤屈，斩杀了江充满门及党羽。马何罗、马通兄弟素来和江充交好，又因与太子作战而显贵，非常担心有一天武帝会找他们麻烦。为了免除后患，两兄弟决定造反，杀掉汉武帝，以绝后患。

金日磾早就觉察到了他们的异样，所以非常注意他们的言行，以至于他们兄弟很久都没有找到机会动手。随着局面的明朗，武帝越来越痛恨巫蛊之举，马何罗兄弟迫不及待地要动手了。

汉武帝后元元年（前88），这年六月，天气非常热，武帝到甘泉宫避暑。霍光、金日磾等人受命侍奉在武帝左右，以备随时咨询国事。这天天气非常闷热，汉武帝辗转反侧很晚才睡去。金日磾这一天也偶有小恙，很早就到自己的值庐中休息去了，因此没有侍奉在汉武帝左右。马氏兄弟认为，金日磾生病，正是行事的大好时机。

马何罗兄弟商议，夜里由可以出入宫禁的马何罗进殿刺杀武帝。马通及小弟马成安矫诏发兵，作为外应控制甘泉宫。如此里应外合，大事可成。

马氏兄弟本来计划寅夜（凌晨3点至5点）起事，但是殿内宿卫严密，一直找不到机会，直到清晨，才得以怀揣利刃，趋入殿中。

此时，金日磾的病情已经有所缓解，正出值庐如厕。多年养成的习惯，加之心中不安，于是他折入殿中探视。金日磾刚在殿中坐定，正巧见到马何罗进殿。金日磾喝问道："天色未明，陛下没有召见，你来做什么？"

马何罗心中惊恐，不知如何作答，索性先刺杀汉武帝再说。遂奔向汉武帝就寝之所，可惜慌忙中撞倒了宝瑟，殿中声音大作，汉武帝也惊醒了。马何罗藏在衣服中的利刃也掉了出来，金日磾马上明白了他要来行刺。来不及多想，赶上前一步，紧紧抱住马何罗，口中大呼："马何罗谋反，快来救驾！快来救驾！"

马何罗奋力挣扎，竟不能挣脱，还被柔弱的金日磾掀翻在地。护卫汉武帝的武士们闻声赶到，将马何罗制伏。一问之下，得知其两位兄弟在外响应。汉武帝立即派遣奉车都尉霍光和骑都尉上官桀，点齐兵马捉拿马通和马成安。

马通和马成安正在宫外等候，以便接应马何罗。没有等到兄长，等到的却是霍光和上官桀率领的大汉军队。马通和马成安想要逃走也无路可逃，只得束手就擒。马氏兄弟因谋逆大罪，满门抄斩。

霍光、金日磾和上官桀在这次平定叛乱中立有大功，武帝对他们三人更是欣赏。后来武帝病重时，密封了一道诏书，对众人道："朕去世后，折其玺书，按照诏令行事。"这道遗诏指示，要封霍光为博陆侯、金日磾为秺侯、上官桀为安阳侯。可见对他们的重视，这些恭谨老成的重臣，完全符合汉武帝心中辅佐幼帝的重臣之选。

第二章
少年天子

幼帝登基，治理国家的重任落到了霍光的头上。这是每个臣子的梦想，他可以没有掣肘地施行自己的政策。然而汉武帝留下的是一个风雨飘摇的国家，他首先要做的便是保证国家不至于崩塌。在这一过程中，霍光逐渐意识到自己的权势还不够大。于是，在此后一次次的朝政斗争中，霍光拥有了更大的权力。

飘摇的国家

汉武帝后元二年（前87）二月，春意盎然，闲暇之际，汉武帝赴五柞宫游览。五柞宫位于今天西安市周至县集贤镇内，宫中五柞树，树荫广大，覆盖数亩，因以为名。五柞宫景色秀丽，令人忘忧，汉武帝常常流连数日。不料这次入住，竟偶感风寒。汉武帝已经是70岁的老人了，他 16 岁登基，享国 54 年，经历了太多人间风霜，刻上了太多历史印记。他衰老的躯体，已经不能抵御弱小的病魔，竟然卧床不起，病入膏肓。

此时，霍光也觉察到了大厦将倾，不离武帝左右。然而太子还未正式确立，他含泪问道："陛下若有不讳，究竟立何人为嗣？"

武帝道："朕前日已与你图画。将立少子为帝，卿当为周公。"

霍光垂泪顿首道："臣不如金日磾，恐不能肩负重任。"

金日磾也侍奉在左右，不敢担此重任道："臣本匈奴人，幸为陛下所识。终究是外族，况且才学也不如霍光。"

武帝道："你二人恭谨纯孝，群臣素来敬重，可一并辅佐少主。"

群臣的样貌不断在汉武帝的脑袋里出现，他想到了丞相田千秋、御史大夫桑弘羊、太仆上官桀。这 3 人都对其忠心耿耿，且都能力非凡，足以辅佐少帝。田千秋为人朴实敦厚，当丞相后一改汉武帝急功近利的政策，开始整顿吏治，休养生息，使出现渐乱之象的大汉王朝重新恢复了生机，其行政能力可见一斑。桑弘羊 13 岁入朝担任侍中，陪伴在武帝左右，历任大司农中丞、大司农、御史大夫等重要职务，在财政方面拥有非凡的能力。汉武帝南征北战、修宫练兵，花费无算，多亏桑弘羊多方筹措，改革财政，才使得大汉王朝不至于财政枯竭。上官桀少时即为羽林、期门郎，深受汉武帝信任及赏识。他在与匈奴作战中立有战功，并有救驾之功。

第二天，汉武帝命人将拟好的诏书颁布天下："立弗陵为皇太子，进霍光为大司马大将军，金日磾为车骑将军，上官桀为左将军，与丞相、御史一同辅政。"

5人奉召入内，向汉武帝行礼，然而武帝已经生命垂危不能还礼了。又过了一天，汉武帝驾崩于五柞宫。年仅8岁的刘弗陵登基为帝，是为孝昭皇帝。

汉武帝一生成就了不世之功，人间的权力已经不足以满足他，于是他开始疯狂地迷信长生之道。人无长生，梦有醒时，无论是功绩还是骂名，汉武帝都听不到了。

昭帝刘弗陵即位后，大司马大将军霍光掌管朝政，朝中无论大小事务均由霍光定夺。霍光身为顾命大臣领袖，兼尚书事，遇事非常谨慎。平时他就居住在宫中，以防出事。

霍光为人沉着稳重，思虑周密。霍光不好插手后宫之事，见小皇帝饮食起居都需要人照顾，其母钩弋夫人已然身亡，其他宫嫔也不合适。于是霍光想到了昭帝的大姐鄂邑公主，他是盖侯王充之妻，寡居在家，家中已有嗣子文信，不劳其费心，正好进宫照顾昭帝。鄂邑公主被加封为盖长公主，入宫照顾幼帝，内宫事务都交由盖长公主处理。

数日之后，在半夜里有人奏报："殿中好像有古怪。"

霍光急忙起身查看，唯恐有疏忽，造成不良后果。霍光查看一番并无异常，但是皇帝玺印事关重大，还是自己保存的好。霍光命人道："传尚符玺令。"

尚符玺令负责掌管皇帝的符节和传国玉玺，没多长时间，就带着皇帝的玉玺来到了宫里。霍光问道："玉玺还在你手里吗？"

尚符玺令道："在，不知大将军有什么事？"

霍光道："我担心生变，你且把玉玺交给我保管。"

尚符玺令闻言变色道:"大将军此言差矣。如果我保管不力,自有有司定罪。大将军您虽贵为辅政大臣,也没有掌管玉玺的职责。"

霍光见他拿着玉玺,不由分说便要上前抢夺。尚符玺令拼命护着玉玺,着急道:"大将军休要逼我,除非杀了我,否则休想夺得玉玺。"

闻听此言,霍光没有多说什么,就叫他退下了。

尚符玺令胆战心惊,以为霍光要行不义之举。虽然霍光以前一直恭谨有度,但是无论谁掌握了国家权柄,都难免生出异样的心思。尚符玺令心想,如果霍光生出异心,自己也只有以身殉国了。就这样左思右想,一夜难眠。

到了第二天,霍光召集群臣,商议国事。尚符玺令仍然心中忐忑,不知会发生什么。霍光在朝堂上,不但没有惩罚他,还对着群臣褒奖他道:"尚符玺令忠勇可嘉,尽职尽责,俸禄增加二等。"

群臣知道了事情经过后,都说霍光办事公道,赏罚分明。

霍光和群臣商议,为武帝举行大丧,商定庙号为孝武皇帝,大赦天下,以示皇恩浩荡。追封幼帝亲母钩弋夫人为皇太后,以彰显圣德。

幼子继位,权臣辅政,最不愿见到这种局面的就是昭帝的哥哥们了。燕王刘旦虽然辩慧博学,但是生性倨傲,自大妄为。广陵王刘胥孔武有力,喜欢游猎,没有人主之资。汉武帝这才无奈之下立仅仅8岁的幼子为帝。昭帝的哥哥们对这样的安排非常不满意,尤其是燕王刘旦。

汉武帝驾崩,昭帝继位,遂颁布诏书,昭告天下。燕王刘旦得知汉武帝驾崩的消息后，非但没有伤心，反而愤恨莫名。按照嫡长子继承制，应该立长子为继承人。两个哥哥先后去世，按法理说应该由燕王刘旦继位。刘旦没有得偿所愿，不甘心就此与长安城中的宝座失之交臂，便对身边的人说道："先帝驾崩，一封书函，难以尽言，朝廷另有变故也说不定。"

为了弄清楚朝廷的状况，刘旦派遣亲信寿西、孙纵之等赶赴长安，探明情况，再做定夺。

二人回到燕国向刘旦报告道："先主驾崩于五柞宫，霍光、金日䃅等共立少子为帝，而且奉丧市尚为出临。"

刘旦问道："可见到鄂邑公主吗？她怎么说？"

寿西等人道："公主已经入宫，照顾少子，无从得见。"

刘旦恨恨道："先主驾崩，诸将军立少子为帝，鄂邑公主又不得见，其中定有古怪！"

为了进一步试探朝廷，刘旦派遣中大夫进京上书，请求在各郡及封国立武帝庙，以托哀思。

霍光接到奏表，自然知道燕王刘旦心有不甘。于是他派人请金日䃅前来，商量该如何处理。

霍光将燕王奏表递给金日䃅道："燕王刘旦上书，请求在各郡国立武帝庙，此事将军怎么看？"

金日䃅自知是匈奴人身份，虽不为群臣所恶，但也不为群臣所喜，所以事事依霍光之意，便道："大将军怎么想？"

霍光道："燕王刘旦，素来觊觎皇位，恐怕立武帝庙是假，心有异志是真。"

金日䃅道:"大将军所言极是,新帝即位,还要妥善处置。"

霍光道:"不许其奏,但是仍要稍加安抚。"

请立武帝庙之事没有批准,但是霍光没有亏待刘旦,以皇帝的名义下令:"赐予燕王刘旦钱三千万,益封万三千户。"

除此之外,为了安抚幼帝兄长,都广陵王刘胥和盖长公主也按照燕王刘旦的标准加封。

刘旦获得封赏,不但没有高兴的意思,反而更加愤恨道:"依祖宗礼法,应该我继承大统,哪还用得着别人赏赐我?"

刘旦心想,既然自己的东西被别人抢走了,想要得到就要再抢回来,于是开始密谋叛乱。他自己不可能有这个实力,必须找到帮手。他开始秘密联络中山哀王王子刘长和齐孝王孙刘泽,谎称自己曾经接到过武帝密诏,开始招兵买马操练士卒。

有些投机分子,开始鼓励刘旦尽快起兵。其中有个叫成轸的郎中,对刘旦道:"如今少子刚刚继位,人心不稳,应从速起兵,方可成事。"

刘旦深以为然,一旦少子坐稳皇帝的宝座,再起兵就事倍功半了。燕王刘旦,更加激进,甚至号令国中道:"高后时,为立少子弘为帝,诸侯交手,事之八年,及高后崩,诸大臣诛尽诸吕,迎立文帝,天下才知少帝非惠帝子。太子去世后,我便为仙子长子,本当继承皇位,无端被废,事有蹊跷。况且我上书立武帝庙,又不见听,恐其中有诈。今之幼帝,定非武帝子,乃大臣所妄戴,愿天下共伐之。"下达这道命令之后,又名人写就檄文,送到各国。

负责联系燕国和齐国的人是刘泽。刘泽这人没有封爵,和燕王刘且立盟之后，回到了齐国，开始召集奸人，制造兵器，对他们进行军事训练。非但如此，他还多次检阅军队，克期发难。

燕王刘旦身边的人，并不是都支持他举事。郎中韩义进谏道："您切不可轻举妄动，先帝在世时已经安排妥当。朝廷手握重兵，不是您能对抗得了的，稍有差错就会满门抄斩。"

燕王闻言，勃然大怒道："我意已决，休要动摇军心，若再有人劝阻，定斩不饶。"

很多人仍然不支持，进谏道："我等跟随您多年，愿为您肝脑涂地，实在不忍心见您误入歧路，您是不可能对抗过朝廷的。"燕王闻言，又急又气，不由分说，便命人将这些进谏的大臣杀了。

刚才还是活生生的人，转眼就成了一具尸体，而且还是跟随燕王刘旦的老臣。一些大臣见此情景，悲从中来，站出来对燕王道："谋逆之举万万不可，我等人头落地是小，只怕生灵涂炭，百姓遭殃。"

燕王刘旦听完这些忠心臣子的话，不但没有反思，反而气得发抖，心道：这些人都心向朝廷，不是忠于我的，索性都杀了！想到这里，咬牙切齿道："将这些动摇军心之辈全部推出去斩了。"

前后共有15位敢言直谏的大臣人头落地，众人无不目瞪口呆，不敢再说什么。虽然不敢直言，但是心中已经和燕王刘旦离心离德了，只盼望能够躲过这一劫，不至于人头落地。

此时天下已经承平数十年，早已没有了藩王造反的土壤。经过数十年的改革，地方行政力量甚至已经超过了王的权力。刘泽刚到齐国，准备异动，就被青州刺史隽不疑发现了，随即果断将其逮捕，立刻奏报朝廷。

霍光对这件事非常重视，马上派人调查此事。经过一番审讯，事情很快就清晰了。燕王刘旦密谋造反的事情，还没起兵，就被朝廷知晓，随即对燕王刘旦一方进行控制。

刘泽当场伏法，然而对刘旦的处置上，不能随意而为。燕王刘旦有谋逆之罪，理应处斩，但是他毕竟是幼帝长兄。如果幼帝刚刚登基就斩杀兄长，于名不利，于是霍光上奏昭帝道："陛下新立，不宜骤杀亲兄，可使其谢罪了事。"

昭帝年幼，大小事务都是由霍光说了算，对燕王刘旦的处理自然没有异议，遂命燕王刘旦谢罪。

刚刚登基的昭帝，一举灭掉了企图造反的燕王刘旦。天下诸侯王都看在眼里，没人再敢有异志。经过此事，同样树立了霍光的威信，群臣没人敢违逆霍光的意思。

金氏受封

霍光是辅政大臣之首,排在第二位的是车骑将军金日䃅。金日䃅很少和霍光起冲突,一直恭谨行事。因救驾有功,汉武帝曾留有遗诏,封他为秺侯。然而金日䃅素来不慕名利,没提及此事,便道:"嗣主年幼,不敢受封。"由此以来,更加受人尊敬。

这样一来,封金日䃅为秺侯之事便一直拖延下来。然而天有不测,一直身体健壮的车骑将军竟一病不起,危在旦夕。霍光见金日䃅病入膏肓,如果不尽快封其为侯,恐留下遗憾。遂向昭帝请封金日䃅为秺侯,他向昭帝道:"先帝留有遗诏,封车骑将军金日䃅为秺侯,秺侯屡次推辞不受。如今车骑将军病重,如不速封,恐有违先帝旨意。故请封车骑将军金日䃅为秺侯。"

昭帝随即下诏,封金日䃅为秺侯。而金日䃅已经卧病在床,不能起身,只得在床上接过秺侯印绶。此时,金日䃅的脸色发青,紧闭的嘴角冒着泡沫。眼睛虽然睁得大大的,但是瞳仁已经看不见了。刚刚被封侯的第二天,金日䃅就去世了。朝廷哀荣备至,自不消说。

金日䃅留下了两个儿子,长子金赏封为车骑尉,继承了父亲秺侯的爵位,幼子金建官任驸马都尉。

汉朝的官员,习惯用绶带将官印佩戴在身上。此时的官印并非如后世官印般硕大，而是只有不足一寸见方，所以佩戴非常方便。金日磾的长子既是秺侯又是车骑尉，因此佩戴两个官印。而金建只有驸马都尉一个官职，所以只佩戴着一个官印。两人虽然都已是朝廷命官，但是只有八九岁，和昭帝年纪相仿，彼此也非常亲近。

昭帝常常召他们入宫一起玩耍，甚至有时还睡在一起。他看到金赏有两个官印，而金建只有一个，就对霍光道："金氏兄弟二人，何妨都给两绶呢？"

霍光知昭帝只是儿童之言，便向他解释道："金赏是车骑将军嫡长子，继承父亲爵位为秺侯，所以有两绶。金建不能继承爵位，所以只有一绶。"

昭帝闻听此言，毫不在意，笑道："既然封侯才能有两绶，不妨封金建为侯，还不是朕和将军一句话的事情吗？"

霍光闻听此言，微微皱眉，正色道："封侯事大，岂能儿戏？高皇帝斩白马立约，无功者不得封侯。如今金建寸功未立，贸然封侯，群臣必然反对，到时候就一发不可收拾了。"

昭帝望着这位大将军竟有些不熟悉起来，往日无论什么事，只要提及大将军必然应允，且态度恭谨，素来憨厚。如今却一反常态，非常严肃，好像换了个人似的。昭帝意识到了问题的严重性，便不再提及为金建封侯之事。

虽然昭帝年仅8岁，但聪明伶俐，霍光觉得应提早为其教导帝王之态，以便在亲政后有所作为，于是便开始为昭帝讲授治国安邦的道理，只听霍光道："陛下为一国之君，行有度，言有节，且不可以一己好恶，胡言妄为。百姓多，盗贼丛生，立法创制禁止奸邪。故有君臣之义，五官之分，法制之禁，不可不慎。处君位而令不行，则危；五官分而无常，则乱；法制设而私善行，则民不畏刑。君尊则令行，官修则有常事，法令明则民畏刑。法制不明，而求民之行令，不可得也。"

这番话听得昭帝云里雾里，虽然不是很明白其中的意思，但是心中已埋下了从善如流的种子。闻听此言，他对霍光道："您说得极是，朕知道了。"

霍光见昭帝细心听自己讲解为君之道，继续对昭帝说道："陛下应学习前代明君，不但要爱民如子，更要赏罚分明，才能成为一代圣主。"

从此，霍光便经常为昭帝讲解为君之道，并开始教导昭帝处理政务。昭帝年纪虽小，却很懂道理，对霍光言听计从，非常敬重他。

昭帝始元二年（前85）二月，昭帝下诏封霍光为博陆侯，上官桀为安阳侯。两人曾和金日䃅歼灭了图谋叛乱的马氏兄弟，救驾有功，因此汉武帝遗诏，封其为侯。但是因幼帝即位，事务繁多，直到如今才按照遗诏的意思封其为侯。

此时，霍光不但权倾朝野，大小事务均由其一己裁决，而且已经封侯，贵为人臣之巅了。"怀璧其罪"的道理很多人都懂，然而真怀抱美璧又有多少人肯放手呢？

霍光的亲信见其志得意满，位高权重，长此以往，必生变故，于是对霍光道："大将军不闻吕后之事吗？"

霍光不明其意道："何出此言？"

那人道："吕氏权重，背弃宗室，视刘氏为死敌，这才被群臣唾弃，一举将其歼灭。如今大人势大，不弱于吕氏，如果不与宗室共事，恐有后患。"

霍光闻言，恭谨受教。立刻封宗室刘辟强为光禄大夫，共商国是。众人见霍光能够提拔宗室，显然没有擅权之心，故群臣信服。刘辟强是楚元王之孙，已经80多岁了，任光禄大夫后不久就病死了。虽然如此，但霍光的目的已经达到了。

是日春光明媚，气候宜人，正是放松游览的大好时机。霍光的儿子霍禹已经是中郎将，为祝贺父亲封侯，便提议道："您整日操劳，如今刚刚封侯，可借此机会，到黄山游览。"

如今朝中之事，已步入正轨，即便霍光抽身几日，也是无妨。霍光也想借此机会，好好放松一下。朝中有丞相田千秋、御史大夫桑弘羊、太仆上官桀主事，这三人都是当朝人杰，管理好朝政不在话下。

霍光兴致勃勃地带着家人和管家冯子都出了长安城，来到黄山。久居长安，事务繁忙，霍光难得放松一下。霍光看着大好河山，同时想到如今自己权倾朝野，满意地笑了。

跟随在霍光身边的管家冯子都向前道："别人可以嬉戏游乐，大将军您却不能呀！"

霍光不明其意道："此话怎讲？"

冯子都道："如今辅政大臣有4人，有大将军您，还有丞相田千秋，上官桀和御史大夫桑弘羊。您已考察田大人多时，田大人素来恭谨，对您言听计从，没有丝毫违背。上官大人，权势虽隆，但是您的儿女亲家，一向相交莫逆，也不妨事。然而御史大夫桑弘羊与将军有隙，其论资格、论功劳、论才能，皆不输大将军。此人为官数十年，功绩卓著，朝中关系更是盘根错节，在治国策略上常常与您相左，如不重视的话，恐生祸事。"

霍光闻听此言，早就没有了继续游览的心思，想想朝中局势，表面上和和睦睦，然而皇帝年幼，实际上是各方势力交错，任谁也不能全盘控制。虽然自己实力最为强大，但其他几方势力足以对自己形成掣肘，便问道："子都，如何教我？"

冯子都道："大将军心思细腻，才能卓绝，岂不闻'明枪易躲，暗箭难防'。朝中虽无人是您的对手，但是其余各方势力联合起来却不是您能轻易应对得了的。"

霍光道："此话怎讲？"

冯子都道："上官大人心高气傲，不是淡薄安稳之人，如与桑大人联手，恐怕您不好应付呀！"

霍光道："有这种可能吗？"

冯子都道："不可不防。而且近日有人宣扬：'先帝有病时，我不离左右，哪有遗诏封他们三人之事，是他们自己揽权的手段罢了。'"

如果没有封侯，加诸在霍光三人身上的光圈就暗淡得多。凭借封侯的名头，才能号令百官，如臂使指。如今否定他们三人封侯，不单是对其功绩的否定，更是说他们三人矫诏。如此一来，他们又有何面目立在朝堂之上？霍光闻听此言，大怒道："是何人乱言？"

冯子都道："是卫尉王莽之子王忽。"

霍光哪还有心思游览风景，再美的风景也没朝廷中事重要。他马上回到了长安，命人彻查此事。王莽自知儿子妄言，心中惊惧，就用毒酒毒杀了儿子。霍光这才罢休。

卫尉王莽与新朝王莽同名，并非一人。

册立皇后

上官桀同是辅政大臣，却不甘人后，一直在想办法更进一步。他觉得在政治上很难是霍光的对手，但是自己成为外戚之后，机会就会大增。

昭帝始元四年（前83），昭帝已经12岁了，上官桀迫不及待地要和皇帝结亲。上官桀有个儿子名叫上官安，娶了霍光的女儿为妻。他们生了个女儿，也已经6岁了。上官桀想把孙女送入宫中，一旦成为皇后，自己就有了外戚身份加持。上官桀先找儿子商量。

上官安对父亲道："此事虽好，只是不知大司马能否应允。"

上官桀道："这也是霍光的外孙女，哪有不同意的道理？"

上官安道："如果事情成功，我们上官家就能高枕无忧了。"

上官桀道："如今陛下年幼，所以霍光才得以专权。等到皇帝长大，定然不满，到时候咱们协助陛下，霍光失势，朝堂之上谁还是我们上官家的对手？"

上官安道："如今之计还是尽快让小女入后宫。大司马是长辈，还请父亲和他商量。"

上官桀道："此事定要成功，我会尽快找霍光。"

父子两人商定了对策，上官桀便寻找机会，和霍光商量。

一次会面时，上官桀对霍光道："陛下年纪不小了，当纳皇后。您的外孙女正合适，不知您怎么看？"

霍光闻言，已知上官父子的打算。如果此事办成，那么上官家就成了皇帝的亲家，定然更加亲近，到时候自己又将如何自处？想到这里，霍光摇头道："我这外孙女才6岁，不宜过早成婚。"

上官桀被霍光拒绝，自是懊恼非常。既然霍光不讲情面，那么就更不要怪别人绝情。即便霍光不同意，他也要将事情办成。

上官桀回到府中，上官安忙向父亲询问。但是见父亲脸色不好看，已知大事不好，便问道："父亲您脸色不善，是出什么问题了吗？"

上官桀愤恨道："霍光竟然不同意这件事。"

上官安变色道："那该怎么办？"

上官桀道："他不同意也没关系，这件事一定要办成。既然他这条路走不通，那么就走另一条路。"

上官安道："请父亲明示。"

上官桀道："你知道丁外人吗？"

上官安道："长安城里谁还不知道丁外人呀。"

丁外人本名丁少君，河间人，原本是盖侯府上的一位门客，颇有才智，且长得仪表堂堂。盖侯王文信欣赏其才能，便招揽其为门客。他在盖侯府上还算是兢兢业业，帮着盖侯做了一些事。世事难料，盖侯王文信死后，盖长公主中年守寡，自是寂寞难耐。偏偏见到了丁外人，见其容貌俊美，竟一见钟情。自此之后，盖长公主常常勾引丁外人。丁外人生性狡猾，为了功名利禄不择手段。能与盖长公主成就好事，更是求之不得。女有情，郎有意，好事自然能成。两人在一起后，更是如胶似漆，一刻不愿分离。

后来盖长公主入宫照顾昭帝，需要住在宫中，便不能和情郎常见面了。孤独寂寞的盖长公主常常托词回家，实际上就是和丁外人相会，常常夜不回宫，弄得众人也无可奈何。很快，便有宫中之人将这事报告给了霍光道："大将军，盖长公主常常出宫私会门客，夜不回宫。"

霍光道："我知道了，此事不要对人提及，我自有道理。"

盖长公主不守妇道，夜会情郎，着实让人不知如何是好。如果硬要斥责公主，是说得通的，甚至可以将丁外人赐死。可是如此一来，霍光就彻底得罪了盖长公主。如果不管不问，也不是长久之计，兴许还会生出更多丑闻。盖长公主中年守寡，即便杀了丁外人，肯定还会有其他人。于是霍光索性叫丁外人也入宫值宿，卖盖长公主一个人情。于是下诏令丁外人入宫值宿，如此一来盖长公主自然欢喜。

上官父子就打上了丁外人的主意，他们很难见到盖长公主，但是通过丁外人就能很容易地联系上盖长公主。于是上官安经常到丁外人的府上拜会，意在结交。相当熟悉之后，上官安便托他在盖长公主面前美言几句，以便能够促成婚事，自然保证了事成之后，有其好处。丁外人也自知，跟着盖长公主并非长久之计，应该结交外臣，以保权势。此事若成，自己就成了上官家的恩人，借助上官家的权势，就能建立自己的势力范围了。想到这里，丁外人自然应允。

不久之后，丁外人找到机会，向盖长公主道："我们二人情深义重，今有一事要和公主商量。"

盖长公主道："我们之间怎么还见外了？有事直说便是。"

丁外人道："如今陛下年幼，你才得以控制后宫。等到陛下年长，你出得宫去，权势势必减弱，需早做打算才是。"

盖长公主道："所言甚是，只是该怎么做呢？"

丁外人道："正好上官安找我向公主请求一件事，如今陛下年纪不小了，他有一女儿，年已6岁，希望能送入宫中为后。公主若促成此事，日后即便出宫，宫里大小事务还不是你说了算，况且得到上官家支持也是一大助力。"

盖长公主闻听此言，觉得很有道理，便开始着力促成此事。不久之后，便将上官安的女儿召入宫中，先是封为婕妤，随后被立为皇后。

霍光对此虽然不甚满意，但这事是公主促成的，可以不给上官家面子，却不能驳公主的面子。况且是昭帝亲自下诏，他知道时，外孙女已经被送进宫中了。

上官家从此成了外戚，一时风光无限。上官安本没有什么才能，是一个典型的花花公子，但是一跃成为皇上的丈人，地位自然提高不少。因此，上官安被封为车骑将军。

如果没有丁外人从中帮忙，上官安难偿夙愿，因此决定报答丁外人。上官安竟想为丁外人争取封侯，这事只能找霍光来办。为此，上官安经常拜谒霍光，一有机会就向霍光夸耀丁外人的才干，见火候差不多了，便向霍光道："丁外人素有才干，且勤恳恭谨，可以封侯。"

霍光闻言，不由得心中翻腾。丁外人什么货色，他当然心中有数，这样的人你怎么能封侯呢？高皇帝刘邦定下白马之盟，"异姓不得封王，非军功不得封侯"。虽然白马之盟一再遭到破坏，但是仍旧有其影响力，没有到侯爵乱封的地步。一些外戚凭借和皇帝的亲密关系，得以封侯，众人也渐渐接受。但是丁外人只是与盖长公主有染，寸功未立，妄谈封侯，确实有些可笑。霍光只道："这事休要再提。"

上官安觉得自己面子不够大，还是请父亲出马的好。上官桀也是顾命大臣，同时是霍光儿女亲家，虽然各有异心，但是这几年来明面上并无冲突，关系仍然非常密切。上官桀向霍光提出丁外人封侯之事，霍光仍是不允。一旦应允，后果不堪设想。

上官桀见霍光如此决绝，便退一步道："丁外人既然不能封侯，那封为光禄大夫如何？"

光禄大夫秩比二千石，掌顾问应对，是从一品的高官，可谓位高权重。霍光听他这样说，勃然大怒道："丁外人既无才德，又无功绩，凭什么就加封高官？你贵为辅臣，怎能如此妄言？"

上官桀被霍光说得无言以对，这件事只好作罢。但是从此之后，两人本来深藏的矛盾渐渐显露了出来。

假太子

在昭帝始元五年（前82），长安城中出了一件奇事，竟然冒出来了个卫太子刘据，多亏了京兆尹隽不疑，事情才没有闹大。

隽不疑，原初是郡文学，负责所辖地域的教育行政事务。武帝时期的名臣暴胜之早就听其贤良，因此在巡查到渤海郡后，便派人请隽不疑相见。隽不疑身穿华美的衣服，拒不摘下佩剑。暴胜之知其不凡，交谈之后，更是惊叹，认为隽不疑是难得的人才。于是向武帝举荐，汉武帝遂征召隽不疑到公车署，成为其近臣。经一番考察后，甚是满意，任命他为青州刺史。

昭帝始元元年（前86）八月，齐孝王刘将闾之孙刘泽勾结郡国豪杰阴谋反叛。他们本计划刺杀青州刺史隽不疑，但是被隽不疑识破了，刘泽等人全部被逮捕。因在平定叛乱事件中立功，隽不疑被升为京兆尹。京兆尹负责管理京畿地区的行政事务，职责重大。

隽不疑当了京兆尹之后不畏权贵，敢作敢为，为民众做了不少好事。他常常巡视各地，如有冤情，定为其平反。因此，无论是在官吏还是在百姓心中，隽不疑都非常有威信。他的母亲也非常明事理，每次隽不疑巡视归来后，其母都要问："有没有囚犯被平反？有多少人被你所救而免于冤死？"

如果得到肯定的答复，其母就会喜形于色，吃饭吃得更香，说话也更加欢快。可是如果得知隽不疑没有让囚犯得到平反，他的母亲就会非常生气，甚至因此而不吃饭。即便是为了让母亲更高兴一些，隽不疑也努力平反冤情，明察秋毫。

隽不疑在京兆尹任上做了5年，无不称赞其能。他将京畿地区治理得井井有条，百姓安泰。然而就在昭帝始元五年（前82）正月，长安发生了一件事。

有一个男子，身穿黄袍，头戴高帽，乘坐一辆黄牛拉着的车，车上插着画有龟蛇图案的黄旗帜，来到了皇宫北阙，自称是卫太子。

人人都知道卫太子已去世多年，但是一直没有找到卫太子的尸身。众人听闻卫太子又回来了，无不惊慌。公车令不敢迟疑，急忙报告霍光道："将军，有一男子，乘坐黄犊车，直抵北阙，自称为卫太子。"

霍光闻听此言同样大吃一惊，如果真是卫太子，当今天子又将如何自处？当今之计，是先要弄清此卫太子是真是假，于是让公卿将军冢俸禄两千石等官吏一起去辨认真伪。一些没有奉命的官吏，闻言卫太子来了，也前去观看。而城中百姓更是纷纷赶来围观，一时之间竟然聚集了数万人围观。

能够看清的毕竟只有中心的少数高官而已，但是百姓图的就是一个热闹。无论如何如此多的人聚集在一起，稍有不慎就会生出祸患。右将军见此情景，急忙率领军队来到宫城之下，以防发生意外情况。

然而，这个自称卫太子的人，果真和卫太子长得非常像。前来辨认的丞相、御史和其他高官，谁也不敢表态此人是真是假。见高官都不知真假，那些低级官吏更是不敢表态，以至于事情弄得越来越复杂，几乎有控制不住的趋势。

这时候,一个官吏乘车来到北阙,不待和众位大臣打招呼,便喝令士卒道:"将这人给我拿下。"

士卒闻命,不敢迟疑,立刻把自称卫太子的男子绑缚起来。很多官吏还不知道发生了什么事情,"卫太子"就被拿下了,无不惊慌失措。回过神来,这才发现是京兆尹隽不疑在发号施令。

有人和隽不疑相熟,便对他说道:"此人是不是卫太子还不清楚,姑且等等再说吧。"

隽不疑闻言道:"诸位何必畏惧他是卫太子呢?春秋时卫国太子蒯聩因违抗其父卫灵公而逃亡国外。卫灵公去世后,蒯聩的儿子蒯辄继承了王位,这时蒯聩请求回到卫国,蒯辄为维护先王的意志而拒绝了蒯聩的要求。孔子在《春秋》中肯定了这种做法,蒯辄这样做是合理的。如今卫太子得罪先父,所以才逃亡。即便没有死去,又回到长安,也应该拘捕议罪,正该拿下查办才是。"

众人闻言,无不称是,不再多说什么。"卫太子"被拘捕后,百姓们见无热闹可看,便都散去了。一场群众聚集事件,就此消散。如果当时隽不疑命士卒驱逐百姓,恐怕就会生出无尽祸患来了。

隽不疑立即将这个男子送进了监狱,随后是真是伪,便可从容应对。

霍光和昭帝听闻隽不疑的说辞后,交口称赞道:"公卿大臣们都应该像隽不疑这样,懂得用经典来维护大义。"最担心这件事的就是霍光和昭帝,隽不疑的这番话肯定了昭帝地位的合法性。虽然武帝晚年非常后悔巫蛊之祸,得知卫太子自杀后非常痛苦,但是卫太子毕竟是因忤逆汉武帝才出逃的。这样定性后,即便卫太子是真的,也有理由治罪，不至于动摇昭帝的皇位。

很多官吏都不相信是真的卫太子，纷纷道："卫太子早就在泉鸠自缢身亡，天下人尽皆知，又怎么会出现在这里呢？此事甚疑。"

但是说有人冒充也有疑点，一些大臣说道："此时相隔未久，朝中大臣很多识得卫太子，但是仍然不能确定真伪，这不很奇怪吗？"

百官各有议论，但是都不能有明确的意见，只好命廷尉严加审问。

廷尉接到命令，不敢怠慢，马上提审自称卫太子的男子。开始时问及宫中之事，事无所不知，廷尉很是诧异。经过再三审问，此人终于露出马脚，事情才弄明白。

原来，这个人根本就不是卫太子。他本是夏阳人，名叫成方遂，是个以算命问卜为生的江湖术士。有一次，有个太子舍人向其问卜，见到他时大惊失色，惊呼道："卫太子！"

成方遂不解其意，便问道："你说的这是什么意思？"

这名舍人才说："您的容貌和卫太子无异。"

成方遂听说后，心中便有了异样的心思，随后便千方百计问明了宫中情况，便想冒充卫太子，搏一把富贵。然而，就在众大臣犹豫不决的时候，隽不疑出现了。成方遂认罪之后，被腰斩于市。这件事也就结束了。

隽不疑解决了这件案子，一时一鸣惊人，群臣都称赞其贤能。霍光更是非常赞赏他，听说他妻子死后，没有续弦，便想将自己的女儿嫁给他。隽不疑坚决推辞，不肯接受。

盐铁之争

西汉昭帝始元六年（前81），西汉朝廷发生了一件大事。这件事决定了西汉王朝的走向，在历史上意义重大。关于这件事的内情和产生的影响众说纷纭，但是其产生了深远影响则是毫无疑问的。这件事被称为"盐铁之议"，围绕盐铁之议，朝臣桓宽记录了当时的内容，撰写了《盐铁论》一书，才使得当时的盛况为后人所知。

汉武帝晚年的时候，颁布《轮台诏》，对外战争从攻势转为守势，内政上开始休养生息，恢复生产。但是政策转变不久，汉武帝就去世了。很长一段时间，执行这些政策的人实际上是霍光，这些休养生息的政策在霍光的控制下实行了6年。这些政策是否还适合这个庞大的帝国，是否需要在细节上进行调整，这是摆在霍光和众位大臣面前的问题。

此时，朝廷中的意见并不统一。霍光虽然辅政天子，势力庞大，但是也不敢在国政问题上冒着得罪群臣的风险任意而为。尤其是此时昭帝年幼，没办法做出最后决定，一场波及朝野的大讨论便成了必然。

这场大讨论涉及了武帝时期的经济政策，这些政策的主要制定者就是御史大夫桑弘羊。桑弘羊出生在商人家庭，在财政方面拥有卓越的才能。汉武帝当政的主要时期，实行的是积极的对外对内政策，一个强有力的朝廷必须拥有足够的财富。然而，文帝和景帝时期的积累虽然丰厚，但是仍然难以支持庞大的需要。桑弘羊帮助汉武帝处理财政问题几十年，取得了卓越成果。汉武帝元狩三年（前120），34岁的桑弘羊开始负责盐铁官营规划。这项规划经过一年才起草完成，主要内容是将原来属于少府管的盐铁划归大农令管，由国家垄断盐铁的生产，不许私人经营。这一政策的实行很快就为朝廷带来了巨额收入，3年之后，桑弘羊被任命为大农丞。从此之后，桑弘羊在理财上的才能越来越凸显，更加受到汉武帝的重用。

桑弘羊出任大农丞后开始推行算缗政策。所谓算缗，就是所有工商业者都要向政府呈报自己的财产数目，每二缗抽取一算的税款。一缗为1000钱，一算为200文钱。小工商业者的税款可以减半。凡是乘坐马车的（官吏和战士除外），一乘抽税一算，运货的马车抽二算，船5丈以上的抽一算。为了打击偷税漏税，还有告缗政策。所谓告缗，就是对不如实呈报财产的人，鼓励大家告发。经查实之后，被告人的财产全部没收，戍边一年，告发人可以得到被没收财产的一半。算缗和告缗遭到了全国范围内的抵制，但是有了汉武帝的支持，桑弘羊很快就将之推行开来。

当时，全国的货币体系非常混乱，除了中央朝廷，郡国和地方豪强同样可以铸币。汉武帝采用了桑弘羊的建议，取消郡国铸币的权力，由中央朝廷统一铸币，令郡国将旧币销毁，把铜送到中央。同时废除过去的一切钱币，以五铢钱作为全国唯一的通行货币。

甚至可以说，武帝时期的一切经济政策都与桑弘羊相关。其积极的财政政策，成为汉武帝时期政府收入的保障。在汉武帝晚年，桑弘羊提出了"屯田轮台"的政策。轮台在今天新疆轮台县，是汉朝与西方交通的必经之地，又是匈奴经常出没的地区。在轮台屯田，可以获得良田5000多亩。屯田搞好之后，轮台站稳脚跟，不但可以增加粮食，还可以成为对匈奴作战的前线基地。

然而，此时的汉武帝打算实行以防御为主的休养生息政策，于是便下达了《轮台诏》，否定"屯田轮台"的政策。此时，桑弘羊在财务政策上已经和汉武帝的思想有冲突了。虽然没有在明面上对抗汉武帝，但是其仍然坚持在财务上积极进取的政策。

昭帝继位，霍光继承了汉武帝晚年休养生息的政策，仍然严格遵守《轮台诏》的规定，不过分向民众苛求。霍光的行政理念和桑弘羊积极的行政理念产生了冲突。两人在一些政策上已经出现了严重的分歧。

除此之外，霍光权势越来越大，桑弘羊不想看到这种局面，他们之间的斗争越来越明面化。有一次，桑弘羊为几个子弟谋职，请霍光将他们升为官吏，但是霍光拒绝了桑弘羊的请求，惹得桑弘羊非常不高兴。同时，霍光已经和上官桀离心离德，桑弘羊和上官桀已经有联合起来对抗霍光的趋势。

尤其是在盐铁、酒榷、均输政策上的分歧已经不限于朝廷，而是全国范围内的普遍问题。酒榷政策实际上就是由国家进行酒类专卖，私人不得违规制造和销售酒。均输的具体做法是：各郡置均输官，其贡品除品质特优者仍须运送京师外，一般贡品不再运送，或由当地均输官运往邻近地区高价售卖，或将贡品按当地售价折成现金，再另购丰产而廉价的商品运往高价地区发售。这样，既可减少以往贡品运送造成的损失，又可相对减轻民户负担，同时还增加了财政收入。

盐铁政策、酒榷政策、均输政策在汉武帝时期就已经成了大汉王朝的经济支柱，被称为国家主要财政来源的"三业"。这三项政策都是由桑弘羊制定或推广的，可见其对汉室功劳之大。但是昭帝始元六年（前81），这三项政策被越来越多的人所反对。这些政策的反对者已经形成了一股强大的力量。

《轮台诏》之后，虽然行政方向上转为休养生息为主，但是桑弘羊制定的增加中央政府收入的政策仍然在实行。很多人对这些稍显严酷的政策不满，请求调整一些财务措施。

谏议大夫杜延年经常对霍光说："应该恢复文帝时期的政策，示以俭约宽和，顺应天道民心。"

杜延年所言，代表很大一批人的观点。他们认为武帝时期实行的财政政策向民众索取过多，应该削减这些政策，使达到富民的目的。

霍光也认同杜延年的观点，道："所言极是，令三辅、太常举贤良各二人，郡国举文学、高第各一人。使其陈说国政利弊，辩明国策，你看如何？"

杜延年道："此策甚好，如此一来，朝野之声汇聚一堂，定能厘清黑白。"

霍光道："这事就由你去办吧，务必使各方满意，不要出差错。"

杜延年道："定当尽力而为，只是有一事不明。"

霍光道："有何事不明？"

杜延年道："既然将军您也觉得这些政策不妥，为什么不直接下令废除或调整，反而要让朝野商议？"

霍光叹口气道:"这些政策都是桑弘羊制定的。桑弘羊功在社稷,如今更是有权有势,贸然废除,恐朝中不稳。"

杜延年道:"您敢驳回桑大人请封其子弟的要求,难道还不敢变其政策吗?"

霍光道:"单单一个桑弘羊我自不会在意,但是其制定的政策不只是桑弘羊一个人的事。有很多朝臣支持桑弘羊的政策,难以废除,而且这些政策都是先帝制定的,改变这些政策等于是全部否定了先帝的功绩。虽然先帝曾下《轮台诏》让子民休养生息,但是从没说过废除桑弘羊推行和制定的政策,只是否决了'屯田轮台'的建议而已。我不能亲手将先帝的政策废除,否则这将置先帝于不义之地,百年之后我又有何面目见先帝?"

杜延年闻听此言,不再多说,开始全力执行霍光的计划。于是在全国范围内征召了60位贤良文学,请他们到长安和群臣辩论。这场会议由丞相田千秋主持,以桑弘羊、丞相吏、御史等大夫为一方,贤良文学为另一方。

这次的大辩论主要围绕着四个方面:一、盐铁官营问题;二、关于汉与匈奴的关系问题;三、对儒家与法家的评价问题;四、关于德与行的问题。

其中最重要的就是关于盐铁官营的问题,士大夫认为,盐铁官营利国利民,有益而无害,他们还认为,盐铁官营显出了像吴王刘濞那样的地方割据势力。贤良文学则认为,类似盐铁官营的政策是与民争利,造成国家衰弱,城郭空虚。提出富民的措施,即取消盐铁、均输、平准等政策,同时认为富国安民的根本在于搞好农业。

这次会议之后，霍光没有废除盐铁官营的政策，只是废除了酒类专卖的政策，这也是霍光在权衡利弊之下做的决定。

即便如此，桑弘羊在盐铁会议之后也病倒了。桑弘羊在会议上亲自与贤良文学据理力争，在他眼里，贤良文学的看法有些浅显，不能从大局出发，他们言必称古时，忽略了社会已经变化了。

虽然霍光没有触动桑弘羊经济政策的核心，但是此次会议之后，霍光和桑弘羊的对抗已将升级了。

第三章
辅佐昭帝

朝政已经走上了正轨，汉王朝重新强大了起来，滞留匈奴数十年之久的著名使臣终于重新回到祖国的怀抱，这一切霍光居功至伟。然而就在这时，曾经的盟友上官氏却对霍光的专权越来越不满。

坚贞的苏武

昭帝继位之后，汉朝的经济和军事力量实际上已经被汉武帝拖垮了，因此，对待匈奴的政策也和汉武帝时期大不相同，从攻势转为守势。霍光辅政后开始和匈奴接触，试图讲和。而此时匈奴内部也产生了分裂，不希望再进行大规模战争。

昭帝二年（前85），匈奴单于病重，但是其子年少，不能治国。单于见此情景，只好立下遗嘱道："嗣子年幼，立弟右谷蠡王为单于。"

但这样一来就触犯了一些人的利益，丁灵王卫律和颛渠阏氏不满遗命，在单于死后，矫诏立幼子，即狐鹿姑的儿子壶衍鞮为单于。并召集匈奴诸王，祭祀天地鬼神。

匈奴的政治结构和汉朝不同，诸王都拥有自己的领地和人民，因此都有相当大的实力，相对独立。右谷蠡王和左贤王等都不服幼主，拒绝应诏。如此一来，颛渠阏氏的如意算盘就打不响了，本想以幼主为傀儡，号令匈奴的计划面临破产的危险。

只要内乱一生，颛渠阏氏就要面对匈奴众王的怒火，这是她承担不起的。为了自己，她想到了强大的汉王朝，于是派出使臣，向汉王朝求和，以作响应，对抗诸王。

霍光接见了匈奴使臣，也认为这是一个双方言和的有利时机，随即也派遣使臣出使匈奴。使臣带着霍光提出的条件来到了匈奴，对颛渠阏氏等匈奴贵族道："如要言和，须放回苏武、常惠等人。"

苏武是汉朝出使匈奴的使臣，被匈奴扣留已经10余年的时间了。这还要从汉武帝时说起，当时，汉王朝不断征讨匈奴，双方经常互派使臣侦察。匈奴先后扣留了汉使数批人，汉朝也扣留了匈奴使臣。汉武帝天汉元年（前100），且鞮侯单于即位，畏惧汉朝的攻击，声称："汉朝天子是我的长辈，双方不应再战。"接着，送还了之前扣留的汉朝使节。

汉武帝非常高兴，于是派遣苏武以中郎将的身份，持节护送扣留在汉的匈奴使者回匈奴，并带着汉武帝的礼物，答谢且鞮侯单于。和苏武一起的还有副中郎将张胜和临时委派的使臣常惠等，以及临时招募的百余名士卒。

然而，在到匈奴之后，张胜卷入了缑王与虞常等人的谋反行动中，以苏武为首的汉朝使团同样受到牵连。单于想让汉朝使臣降于己，但苏武在受审的时候竟拔刀自刺，以全臣节。负责审问的卫律急忙将其保住，快马找来医生，才救得苏武一命。

单于钦佩苏武的气节，越发想要苏武投降，便经常派遣使臣劝降苏武。负责劝降的卫律挥剑斩杀了虞常后道："汉使张胜谋杀单于亲近大臣，理应处斩，单于惜才，投降可免死。"说罢，举剑就要斩张胜。张胜见状，急忙跪地请降。卫律又对苏武道："副官有罪，主官当连坐。"苏武面无惧色，卫律挥剑作势要砍杀苏武，苏武也不为所动。卫律只好回报单于。

单于越发想让苏武投降，于是将其置于大地窖内，不给他吃喝。苏武渴则吃雪，饿则吞吃毡毛，竟得数日不死，匈奴以为其有神助，于是将苏武迁到北海，命其放公羊，对其道："公羊生小羊方可回汉。"

后来李陵投降匈奴，被封为右校王，但是愧对汉朝，不敢寻访苏武。单于知道李陵和苏武同为汉臣，素有来往，便派遣李陵到北海，为苏武设酒宴和歌舞，劝降苏武。李陵本是汉朝名将，与匈奴作战时勇猛异常，有一次被匈奴重兵包围，为了让手下士卒逃出重围，无奈向匈奴投降。李陵虽心怀故国，但是武帝将其全族斩杀，已无回归的可能。如今见到苏武拒不投降，怎能不感慨万千。

李陵对苏武道："异国相逢，别来无恙否？"

苏武想到了自己这些年的遭遇，叹口气道："想不到你我二人竟在匈奴相逢。我初到北海时，衣食拮据，只好挖野鼠所藏的果实为食。每日手持汉节牧羊，节上的毛全部脱落了。这样过了五六年，单于弟弟于靬王到北海打猎，给我衣食，才好过点。于靬王部下迁离后，便再度贫困了。"

李陵闻言，不禁悲从中来道："你这又是何苦？降于匈奴，便可立即得享富贵。"

苏武知其已降，又听此言，怒从心头起，但是想到彼此的遭遇，叹口气道："休要再言，不知今生还能否回到故国！"

李陵道："你还不知道你家人的遭遇吧？"

提及家人，牵动了苏武的心弦，问道："他们现在如何？"

李陵道："君长兄嘉，曾为奉车都尉，随从圣驾至雍的棫阳宫，皇帝扶辇下除，撞到柱子折断车辕，被指控为大不敬，伏剑自刎，皇帝赐钱200万作为丧葬费。君弟贤随从圣驾祠河东后土，宦骑与黄门驸马争船，把驸马推到河里淹死了。宦骑逃亡，皇帝下诏让苏贤追捕，没抓到，苏贤惶恐服毒自杀。我来的时候，你的母亲已不幸去世，我送葬至阳陵。你的妻子年少，听说已经改嫁了。只有两个妹妹、两个女儿、一个儿子，从你离家至今已经十几年了，是不是还活着也不知道。人生如朝露，又何苦如此？我刚来匈奴之时，也像你这样痛苦，而且老母正在宫里，我不想投降的心情，比你还迫切。陛下年纪已大，法令无常，大臣无罪而灭族者数十家。你还有什么可流连的呢？此时降匈奴，也不会玷污你的英名呀。"

苏武听了李陵的话，才知道已经家破人亡，不禁泪如雨下，含泪对李陵道："武父子本无功绩，承蒙主上不弃，委以重任，常思肝脑涂地，无以报答主上。如今纵使杀生自校，虽赴汤蹈火，在所不辞，不要再说了。"

李陵闻言，思及身世，也流下泪来。不待多说什么，仰头就将杯中酒倒入口中。二人都是悲愤莫名，两人一杯接着一杯地喝酒，很快就酩酊大醉。

李陵在苏武这里住了数天，两人天天痛饮，壶中日月长，两人几乎忘却了一切烦恼。然而酒有尽头，梦有醒时，那就是要面对现实的时候了。李陵道："你就听我一句劝吧，何苦为难自己？"

苏武见李陵又说出劝降的话，愤然道："武早有蓄死之意，你非要我投降匈奴，那今天就死在席前！"

李陵见苏武如此，喟然长叹道："君真乃义士也！我和卫律罪通上天！"说着泪下沾襟，不能自已。说罢，辞别而去。

此后李陵送给苏武衣食、财物，并劝说苏武道："你还是纳伊胡女为妻吧，也好为苏家留下一条血脉。"

这话触到了苏武的心底。苏氏满门所剩无几，妻子改嫁，儿女不知生死，如果断绝苏氏一门血脉，又怎么对得起列祖列宗？想到这里，他应允了李陵的请求。于是李陵为其寻觅了一胡女为妻，从此苏武在匈奴也有了家室。

又过了一段时间，李陵告诉苏武，汉武帝驾崩，幼子昭帝继位。苏武闻听此言，面向南方号啕大哭，直到呕血。每天早晚哭吊，数月之后才停止。

到了昭帝时，匈奴一分为三，匈奴和汉王朝议和。霍光想让匈奴放回苏武等人，但是匈奴不愿意放人，向西汉使臣谎称苏武等人已经死了。同样被扣留在匈奴，当年和苏武一起出使的常惠得到了这个消息，买通了匈奴官吏，趁夜色见到了汉朝使臣，将这些年的情况告诉了汉使。

第二天,单于接见汉使。汉使对单于道:"苏武为我朝使臣,久居匈奴,必须放回。"

单于仍然对汉使道:"苏武已经病逝。"

汉使已知详情,正色道:"单于休要隐瞒,我等已经知晓详情。大汉天子于上林苑中田猎,射得一雁,大雁足上系有帛书,乃是苏武亲笔所书,言道正在北海牧羊。如今单于想要言和,为何还要欺瞒我等?"

单于闻言,大惊失色,叹口气道:"苏武忠节,竟感及鸟兽?"遂向汉使道:"苏武无恙,确实正在北海,你们可以将其带走。"

既然释放苏武,扣押的其余诸人都随其自便,可以回汉。

得到这个消息,李陵摆设酒宴款待苏武。酒至兴起,李陵感慨道:"足下如今得回故国,匈奴扬名,汉室显功,古书中所记载的事迹、图画所描绘的功臣,没有能超过你的。"

苏武道:"为何不与我同归汉室?"

李陵道:"我李陵虽然无能且胆怯,假使汉廷宽恕我的罪过,不杀我的老母,使我能够实现奇耻大辱下继续的志愿,如同曹沫在柯邑订盟一样,我如何敢忘!然而杀戮我全家,受此侮辱,我李陵又有何面目再归故乡?你知我心事,从此恐怕就是永别了。"

说到这里,李陵已经控制不住眼泪,泪如泼雨,难以自持,遂离座起舞,慷慨而歌:"经万里兮度沙漠,为君将兮奋匈奴。路穷绝兮矢刃摧,士众灭兮名已聩,老母已死,岁报恩,将安归?"

李陵泪下纵横,苏武同样不能自制,泪如泉涌。两个当世豪杰,一个数万军中从容迎敌,一个利刃悬头而面不改色,如今分别在即,国事家仇涌上心头，令人唏嘘。

当年苏武奉武帝命出使匈奴，同行者有百余人，而今回归故土，除常惠外竟只有9个人，其中马宏并不是与苏武一同出使的。汉武帝晚年，马宏和光禄大夫王忠出使西域，路过楼兰，被匈奴截击，王忠战死，马宏被擒。匈奴迫使马宏投降，马宏拒不投降，这才和苏武一同重回故国。

昭帝始元六年（前81）春，苏武一行人回到了阔别已久的长安。19年前，苏武出使时只有40岁，如今归来，已是须眉皆白。苏武手中还持着当年汉武帝赐予的汉节，旄头早已落尽，只剩一根破烂不堪的棍子。然而长安百姓见了，无不感叹。

昭帝和霍光立即召见了苏武等人。苏武手持汉节，凝视了年幼的昭帝一番，心中自是无限感慨。他向昭帝行大礼道："臣不辱使命，奉命出使匈奴，如今19年，特奉还使节。"说着举起了手中破烂不堪的汉节。

缴还汉节之后，苏武奉召带着祭品前往汉武帝陵庙拜祭武帝。随后霍光传诏令，苏武官拜典属国，俸禄中二千石；赐钱200万，官田二顷，住宅一处。常惠、徐圣、赵终根都官拜中郎，赐丝绸各200匹。其余6人因年老而返乡，各赐钱10万，终身免徭役。

苏武回到家中，只剩下儿子苏元和侄儿，其他亲人都已经不在了，想到那些亲人未免伤感。在匈奴的妻子已有身孕，没有带回长安。他和李陵经常通过双方使节通书信，得知胡妻生了儿子后，心中稍感安慰。于是他写信给胡妻，为儿子取名通国，以示安慰。

苏武希望李陵能够回到长安，因此常常在写给李陵的信中劝其回归。霍光也非常希望李陵能够重归于汉，于是在拜访苏武的时候问道："您看李陵有回来的打算吗？"

苏武道："只怕是单于不肯呀。"

霍光道："只要李陵有回归之心，我定有办法让他归来。您也要多写书信，劝其回归。"

苏武道："此事义不容辞，定当催促。"

于是霍光派遣使者出使匈奴，只为召李陵归汉。在宴会上，李陵和众汉使饮酒。汉使见李陵身穿胡服，不免失望。等到合适的机会，汉使向李陵道："陛下和大司马翘首以盼足下回归。"

李陵道："如今哪还有面目见家乡父老？"

汉使道："苏大人回归，人人敬仰，您回归也是一样的。"

李陵摇头道："我们不一样呀！"说罢拿出一封书信递给汉使道："这是我写给苏大人的信，但愿能明白我一片心迹。"

汉使见李陵无意归汉，便不再强求，只将其一封信带给了苏武。

苏武打开李陵的信，只见李陵在信中句句刨心，读之让人潸然泪下。李陵写道：

子卿足下：

勤宣令德，策名清时，荣问休畅，幸甚幸甚。远托异国，昔人所悲，望风怀想，能不依依？昔者不遗，远辱还答，慰诲勤勤，有逾骨肉，陵虽不敏，能不慨然？

自从初降，以至今日，身之穷困，独坐愁苦。终日无睹，但见异类。韦韝毳幕，以御风雨；膻肉酪浆，以充饥渴。举目言笑，谁与为欢？胡地玄冰，边土惨裂，但闻悲风萧条之声。凉秋九月，塞外草衰。夜不能寐，侧耳远听，胡笳互动，牧马悲鸣，吟啸成群，边声四起。晨坐听之，不觉泪下。嗟乎子卿，陵独何心，能不悲哉！

与子别后，益复无聊，上念老母，临年被戮；妻子无辜，并为鲸鲵；身负国恩，为世所悲。子归受荣，我留受辱，命也如何？身出礼仪之乡，而入无知之俗；违弃君亲之恩，长为蛮夷之域，伤已！令先君之嗣，更成戎狄之族，又自悲矣。功大罪小，不蒙明察，孤负陵心区区之意。每一念至，忽然忘生。陵不难刺心以自明，刎颈以见志，顾国家于我已矣，杀身无益，适足增羞，故每攘臂忍辱，辄复苟活。左右之人，见陵如此，以为不入耳之欢，来相劝勉。异方之乐，只令人悲，增忉怛耳。

嗟乎子卿，人之相知，贵相知心，前书仓卒，未尽所怀，故复略而言之。

昔先帝授陵步卒五千，出征绝域。五将失道，陵独遇战，而裹万里之粮，帅徒步之师；出天汉之外，入疆胡之域；以五千之众，对十万之军；策疲乏之兵，当新羁之马。然犹斩将搴旗，追奔逐北，灭迹扫尘，斩其枭帅，使三军之士，视死如归。陵也不才，希当大任，意谓此时，功难堪矣。匈奴既败，举国兴师。更练精兵，强逾十万。单于临阵，亲自合围。客主之形，既不相如；步马之势，又甚悬绝。疲兵再战，一以当千，然犹扶乘创痛，决命争首。死伤积野，余不满百，而皆扶病，不任干戈。然陵振臂一呼，创病皆起，举刃指虏，胡马奔走。兵尽矢穷，人无尺铁，犹复徒首奋呼，争为先登。当此时也，天地为陵震怒，战士为陵饮血。单于谓陵不可复得，便欲引还，而贼臣教之，遂使复战，故陵不免耳。

　　昔高皇帝以三十万众，困于平城。当此之时，猛将如云，谋臣如雨，然犹七日不食，仅乃得免。况当陵者，岂易为力哉？而执事者云云，苟怨陵以不死。然陵不死，罪也；子卿视陵，岂偷生之士而惜死之人哉？宁有背君亲，捐妻子，而反为利者乎？然陵不死，有所为也，故欲如前书之言，报恩于国主耳。诚以虚死不如立节，灭名不如报德也。昔范蠡不殉会稽之耻，曹沫不死三败之辱，卒复勾践之仇，报鲁国之羞，区区之心，窃慕此耳。何图志未立而怨已成，计未从而骨肉受刑，此陵所以仰天椎心而泣血也。

　　足下又云："汉与功臣不薄。"子为汉臣，安得不云尔乎？昔萧樊囚絷，韩彭菹醢，晁错受戮，周魏见辜。其余佐命立功之士，贾谊亚夫之徒，皆信命世之才，抱将相之具，而受小人之谗，并受祸败之辱，卒使怀才受谤，能不得展。彼二子之遐举，谁不为之痛心哉？陵先将军，功略盖天地，义勇冠三军，徒失贵臣之意，到身绝域之表。此功臣义士，所以负戟而长叹者也。何谓不薄哉？且足下昔以单车之使，适万乘之虏。遭时不遇，至于伏剑不顾，流离辛苦，几死朔北之野。丁年奉使，皓首而归；老母终堂，生妻去帷。此天所希闻，古今所未有也。蛮貊之人，尚犹嘉子之节，况为天下之主乎。陵谓足下当享茅土之荐，受千乘之赏。闻子之归，赐不过二百万，位不过典属国，无尺土之封，加子之勤。而妨功害能之臣，尽为万户侯；亲戚贪佞之类，悉为廊庙宰。子尚如此，陵复何望哉？且汉厚诛陵以不死，薄赏子以守节，欲使远听之臣望风驰命，此实难矣，所以每顾而不悔者也。陵虽孤恩，汉亦负德。昔人有言："虽忠不烈，视死如归。"陵诚能安，而主岂复能眷眷乎？男儿生以不成名，死则葬蛮夷中，谁复能屈身稽颡，还向北阙，使刀笔之吏弄其文墨耶？愿足下勿复望陵。

嗟呼子卿，夫复何言？相去万里，人绝路殊。生为别世之人，死为异域之鬼。长与足下生死辞矣。幸谢故人，勉事圣君。足下胤子无恙，勿以为念。努力自爱，时因北风，复惠德音。李陵顿首。

苏武读罢李陵之书，以明其心志，便不再劝其回国。忠臣良将，当以富贵封赏，岂能随意屠戮？李陵和苏武心中的苦闷可想而知。然而他们的遭遇绝非偶然，汉武帝不希望自己的将领投降，无论出于什么理由。

霍光得知李陵执意不回，也不再强求。毕竟属于李陵的时代已经过去了，摆在霍光面前最大的问题是已经威胁到自己的上官家族和桑弘羊家族。

上官安封侯

一天，霍光听左右议论上官安封侯之事，便疑惑道："上官安什么时候封侯了，我怎么不知？"

左右道："天子已经下诏，封上官安为桑乐侯。"

霍光虽心中震惊，但不便继续议论，后来知道自己的女婿上官安果然被封侯。此乃昭帝钦定，况且加封皇后之父为诸侯，已成惯例，无可厚非。想到这里，霍光虽然不喜，但也不好说什么。

上官安本来就是一纨绔子弟，封侯之后，越发荒唐淫乱。有一次上官安入宫与昭帝宴饮，宴会结束之后，上官安出门之后对宾客道："今日与女婿宴饮，甚是欢乐。"见到昭帝衣着华丽，宫殿中器物精美，回到家中竟想将家中器物付之一炬，被家人阻拦才得作罢。

非但如此，上官安喝醉之后，常常在家中赤裸，和后母及其父亲的良人、侍御肆意淫乱。他的儿子病死后，更是仰头骂天。

这样的一个人封侯，怎么能不让霍光心生愤懑呢？此时霍光和上官家的矛盾越来越激烈。

有一个太医监名叫充国，因无缘无故上殿，触犯了刑法，被捕入狱。上官桀的老丈人非常宠爱充国，闻听其被捕入狱，立即便找上官父子求救。上官桀挨不过情面，便入宫求见霍光，希望能够宽恕充国的罪名。

上官桀对霍光道:"充国是我丈人的好友,看在我的情面上就请饶恕充国一次吧。"

霍光道:"此言差矣!不得私自进殿是宫中规矩,充国无故进殿,依然触犯国法,岂能宽恕?如果宽恕此人,那么日后人人都要进殿,那么还有什么规矩可言?"

上官桀哀求道:"只此一次,以后请将军严格执法。"

霍光怒道:"休要再言,难道你不知道国法为何物吗?"

上官桀见霍光不肯通融,怒火心中生,但是又不能向霍光发火,只能拂袖而去。回到家中怒火难平,这时上官安道:"父亲,大事不好,充国已经被问了死罪,很快就要人头落地了。"

死一个充国,上官桀自然不放在心上,但是霍光驳了自己的面子,他当然咽不下这口气。上官桀恨恨道:"我父子都是将军,孙女又是皇后,权高位重,声名赫赫,岂能为霍光所制?"

上官安道:"只能请盖长公主代为处理,此事方能化解。"

上官桀道:"看来也只能如此,你快去找盖长公主。"

上官安应声称是,便急忙来到宫中求见盖长公主。盖长公主也没有更好的办法,只得替充国献了20匹马,才逃过一死。

此事之后,上官桀父子更加感激盖长公主,同时也和霍光的仇恨更深了。上官桀越想越愤怒,对上官安道:"我上官安能有今日,实属不易。同是奉召辅政之臣,岂能容霍光大权独揽,独断专行?"

上官安道:"父亲,如今霍光势大,独揽朝政,我上官一家定不是其对手,不如联合其他人,一举将其拿下。"

上官桀道:"霍光这些年得罪的人非常多,御史桑弘羊为国家呕心沥血,立下了赫赫功劳,如今却处处被排挤,其心中定然愤懑。燕王刘旦,得不到皇位更是怀恨在心。和这两个人结盟,大事可成。"

上官安道:"儿臣明白,这就去联络桑弘羊和燕王。"

上官桀道:"外有我等,内有盖长公主作为内应,哪还有霍光施展的余地?"

这时,霍光正赴广明校阅御林军,趁此机会,上官桀便联系上桑弘羊。

上官桀对桑弘羊道:"我等与霍光同是先帝托孤辅政之臣,如今霍光处处排挤我等,唯恐与其争权。我等顾命大臣,竟无所作为,这都是拜霍光所赐。就拿您来说,为先帝献上酒榷之策,为大汉解了燃眉之急,如今说撤就撤了,眼里哪还有你我等老臣?"

见桑弘羊脸色已变,上官桀接着道:"我等这班老臣,为朝廷鞠躬尽瘁,而且须眉皆白,想为子弟某些职位,竟不得其应允。但是霍氏子弟和依附他的人得享高位,先帝泉下有知,定会怪罪我等不制止他呀。"

说到这里已经勾起了桑弘羊的怒火,愤恨道:"当初他进宫之时,年纪尚幼,他哥哥死后,我等更是怜悯于他。当时他为人恭谨,做事勤勤恳恳,谁能想到先帝一去,他便大权独揽。"

上官桀道:"看来其狼子野心隐藏多时了,如此恩将仇报,图谋不轨之人,定当除之而后快。"

桑弘羊闻言马上来了精神道:"你已经有策略了吗?"

上官桀笑道:"犬子已经联络了燕王,咱们协同,便能将霍光拿下。"

等到霍光检阅御林军归来，他的亲信告诉他："您这些日子不在长安，燕王弹劾您图谋不轨，务必多加小心。"

霍光闻言，不敢上朝，只得候在朝外，静等昭帝发落。

昭帝临朝，不见霍光，问道："大将军不是已经回来了吗？怎么不见他上朝？"

上官桀上前道："大将军被燕王弹劾，故不敢入内。"

昭帝闻言，下令左右道："还不快请大将军进殿！"

霍光进殿之后，免冠谢罪，道："臣惶恐，或有不周之处，望陛下明鉴。"

昭帝道："大将军快请戴冠，燕王上书告你图谋不轨，朕知你无罪。"

霍光听完这话，泪水不自觉便流下来了，道："谢陛下体谅，只是不知您何以断定臣无罪？"

昭帝道："将军到光明校阅御林军往返不多十日，燕王远居蓟地，距离长安有十余日的路长，即便将军有异动，也不会这么快便上书给朕。明明是事先有人安排，陷害将军。"

朝中文武大臣本来听说燕王弹劾霍光，都心中惊恐，以为朝中可能生变。如今听到昭帝说了这番话，一颗心便放下来了。如今昭帝已经14岁了，已经不是当初的孩童，更不是可欺之君。

只听昭帝又道："明明是有人伪造文书，诬陷将军，着有司速速查明是何人上书，受谁指使，以诬陷将军定罪！"

上书人见计策不成，自己恐遭祸患，便躲在了上官桀府中。如此一来，谁还能追查得到？然而昭帝常常过问此事，上官桀只好对昭帝道:"此事不必深究,陛下只要信任将军即可。"

昭帝道:"这怎么行!将军是朝中重臣,陷害将军绝非小事,要速速查明真相。"

上官桀只好点头称是,随后退下了。

反目成仇

上官桀见昭帝如此信任霍光,利用昭帝将其除去的想法看来是不行了,但是可以慢慢离间昭帝和霍光之间的关系,让昭帝对霍光产生戒心,再用计策,就能将霍光一举拿下了。

于是上官桀买通了昭帝的内侍,让其在昭帝旁边说些霍光的坏话。内侍按照上官桀的吩咐,见昭帝无事,便近前道:"朝中大臣都以大将军马首是瞻,朝中大小事务都由霍光一人做主,群臣都不把陛下您放在眼里,甚至只知有大将军不知有陛下。"

昭帝闻言,发怒道:"大将军是先帝所命托孤之臣,向来勤勤恳恳,忠于朕和大汉朝,若再敢妄言,定当治罪。"

内侍见昭帝如此愤怒,不敢再说什么,只好回禀上官桀。上官桀听了内侍的报告,脸色更加不好看,如果再这样下去,上官家定然会被逐渐排挤出权力圈,这不是上官桀所能忍受的。上官桀心想,既然已经如此,索性一不做二不休,彻底将霍光铲除。

上官桀对儿子道:"我定要杀了霍光,不然我们上官家永无出路!"

上官安道:"父亲可有计策?"

上官桀道:"如今皇帝年幼,霍光独断专行。联系燕王,起兵作为外应,杀了霍光,废掉皇帝,将燕王诱到长安,将其杀死,这天下就是我上官家的了。"

上官安听了父亲的话惊出一身冷汗,但是当上官安想到父亲登基,自己就是太子了,将来也会做皇帝。想到这里,只剩兴奋,哪还有顾忌?

上官桀又道:"这事还要请盖长公主帮忙,盖长公主对霍光也怨恨极深。告诉盖长公主,杀掉霍光,废掉幼主,迎立燕王之后,她定能从中受益。"

上官安道:"怎么杀掉霍光呢?"

上官桀道:"让盖长公主设席款待霍光,设伏兵行刺。再派人通报燕王,叫他预备入都。"

定下计划,上官安派人送信给燕王,请他早做准备。很快,燕王的回信就到了,自然同意了此事,当即许诺事成之后封上官桀为王。

燕王接到上官家的信息后,便开始和臣下商议此事。燕国丞相知道此事之后,极力阻止燕王道:"以前您和刘泽相约起事,但是刘泽为人轻佻,在事发之前便透露了风声,以至于谋泄无成,差点连累您。如今车骑将军位高权重,但是仍未免猖狂,恐难成事,还请大王三思。"

燕王刘旦听了丞相的话,不以为然道:"前几日,有人自称卫太子,长安城中百姓、官吏争相簇拥,不得不派兵镇守,以防骚乱。我乃先帝长子,废长立幼,于礼法不合,如今我取回自己的东西,天下人都拥护才是。"

丞相见燕王依然执迷不悟，便不再多说什么了。

不久之后，燕王召集群臣，宣布："盖长公主密报，霍光乱国，皇帝年幼不任贤臣，如今欲举大事。我等将进入长安，应早做准备。"

燕王门客中有个叫吕广的，善于卜卦，对燕王道："本年恐有兵马围城，在九、十月间，祸患恐怕为期不远了。"

燕王听说如此，惊恐道："难道事有不妙？"

盖长公主听从上官桀的建议，准备找个时机邀请霍光赴宴，埋伏下力士，一举将其刺死。上官桀父子以为此事定能成功，上官安更是暗自高兴，有机会登上皇位，怎能不让人兴奋呢？

上官安的属下对他道："行此大事，将致陛下于何地？"

上官安笑道："逐麋鹿之犬还顾及兔子吗？我父子历尽千辛万苦才得以显贵，若人主意变，求为平民而不可得。如今有此机会，万万不会错过。"

然而，世上没有不透风的墙，他们密谋的消息很快就传到了霍光的耳朵里。

有个叫燕苍的人，原本在大司农官署当稻田使者，卸任后在家养老，他有个儿子是盖长公主的舍人。燕苍的儿子无意中知道了他们的谋划，随后告诉了燕苍。燕苍知道这件事非同小可，如果成真难免朝野动荡。于是他对好友搜栗都尉杨敞道："最近朝中难免生变，应该小心从事。"

杨敞不知其故，问道："究竟会发生什么事呢，让你如此小心？"

在杨敞反复追问下，燕苍只好告诉他道："我儿在盖长公主处获得消息，盖长公主和上官桀等人要谋害大将军。盖长公主要请大将军饮酒，然后趁机将其杀害。"

杨敞听说后，简直不寒而栗。他回到家中，辗转反侧，难以入眠。他无心政务，加之不知如何是好，只好请假在家休养。杜延年是杨敞好友，听说他生病了，便登门拜访，见杨敞神色焦虑，便问其故，杨敞便把事情的来龙去脉告诉了杜延年。

杜延年是霍光心腹，上官桀等人的谋逆之举已经不再是秘密了。昭帝元凤元年（前80）九月，霍光听到这个消息，立刻觐见昭帝，将事情的经过告诉了昭帝。霍光和昭帝下令，丞相田千秋逮捕逆党。

田千秋接到密诏，知道事情重大，心想：如果发兵逮捕上官桀等人，必将生乱，不如将其骗到府上来再说。他便派遣丞相属官，请上官桀前来议事。

上官桀不知有诈，驱车来到丞相府。他刚刚进府门，便听田千秋道："陛下有旨，上官桀等人谋反，即斩首。"说完，不等上官桀有反应，早有力士抽出长刀将其头颅砍下。用这样的方法，同样斩杀了上官安。

上官父子被斩首后，田千秋上报霍光，霍光又命他捉拿御史大夫桑弘羊。田千秋点齐人马直奔桑弘羊府邸而去，桑弘羊很快就成了刀下亡魂。

盖长公主得知上官桀父子和桑弘羊被杀后，自知事情已败露，自杀身亡，丁外人很快也被诛杀。盖长公主的儿子文信，被撤销封侯。此事牵连甚广，苏武的儿子苏元和桑弘羊过从甚密，牵连被杀。苏武也因此丢了官职。

燕王刘旦参与谋逆，被逼自杀。其死后，嫔妃相从自杀者20多人。昭帝谥刘旦为剌王，并赦免其子。上官一族和桑氏一族更是全部被杀，只因上官皇后并不知情，又是霍光的外孙女，才得以免祸。

上官之乱平定之后，昭帝封平定叛乱有功者杜延年、燕苍、任宫、王寿为列侯，杨敞为列卿。另拜张安世为右将军，杜延年为太仆，王訢为御史大夫。

此时，朝中已经没有了霍光的敌人，所有能够和他一较高低的基本上全部在这场叛乱中被杀。

此时的霍光以大司马、大将军之职总领内朝以控制外朝百官，霍氏子弟皆为军官，实际领兵，这样，霍氏就牢牢地掌握了政权和兵权，就连昭帝本人也对霍光忌惮几分。此时霍光独揽大权之局已然最终确立。

平定外患

此时,汉朝的边境并不太平。昭帝元凤三年(前78),接到乌桓校尉奏报:"乌桓中不服管束,有作乱之心。"

乌桓是东胡人的后裔,秦末汉初之际,匈奴冒顿单于击败东胡,东胡残部逃往内蒙古及大兴安岭以东地区。后来形成乌桓和鲜卑二部。汉初时,臣服于匈奴,武帝时汉击破匈奴东部地区,将乌桓迁徙到上谷(今河北怀来东南)、渔阳(今北京密云西南)、右北平(今辽宁凌源西南)、辽东(今辽宁辽阳市)、辽西(今辽宁义县西)五郡的塞外地区,并设乌桓校尉,负责对乌桓的监护与统领。

后来乌桓势力渐渐强大,不再愿意臣服于大汉,辽东乌桓开始进犯汉朝边塞地区。正在这个时候,匈奴人因怨恨乌桓人挖掘匈奴单于墓,决定发兵报复乌桓。

霍光准确分析了当时的环境,决定趁着匈奴和乌桓作战的时机出兵乌桓,消耗其国力,遂召集群臣商议。护国都尉反对出兵道:"如今不宜出师。"

中郎将范明有不同意赵充国的意见道:"乌桓乃小国,敢侵犯大汉,如今匈奴乌桓作战,正好趁机出兵。"

范明有的意见自然得到了霍光的支持,他还有另一个身份,便是霍光的女婿。

霍光上奏昭帝，拜范明友为度辽将军，率兵两万，出兵辽东。在出征前，霍光对范明友道："匈奴虽然请和，但是屡次侵犯我边境。你不妨声讨匈奴，匈奴退走后，便可直击乌桓。"

范明友率领着两万大军，来到塞外时，匈奴已经退兵，范明友遂率领着人马直捣乌桓。乌桓在与匈奴的交战中已然精锐尽失，哪还是范明友的对手？汉军肆意砍杀，最终斩获首级6000有余，班师回朝。

乌桓一战，消除了北方民族对大汉的潜在威胁，可谓居功甚伟。范明友因这次军功，被封为平陵侯。平乐监傅介子也因有功，受到了封赏。

傅介子是北地郡人，少年时非常好学，但是觉得读书无用，便投笔从戎，在军中屡有军功，遂逐渐受到封赏。他对西域诸国一直密切关注，当年汉武帝横扫大漠，那些国家无不俯首称臣，然而自从武帝晚年大汉转变对外政策后，楼兰、龟兹等国不再臣服于大汉，斩杀汉朝使臣，以至于大汉不能通往大宛。但是大宛对汉朝的意义重大，大宛的优良马种对大汉骑兵部队意义重大，因此绝不能失去与大宛的联系。

面对这样的情况，傅介子以骏马监的身份上书道："臣闻楼兰、龟兹两国，叛服无常，屡次杀我大汉使节，以至朝廷不能与大宛相通，臣请出使大宛。"

霍光也常常为这件事烦恼，看到傅介子的上书非常高兴，随即下令道："派你出使大宛，沿途到楼兰和龟兹传诏诘责。"

傅介子领命上路，最先到了楼兰。楼兰国是通往西域的交通要道，当年西汉名将赵破虏征服了楼兰和车师两国。楼兰国担心匈奴对自己不利，只好一方面归附汉朝，一方面向匈奴求和，为了表现诚意，向两方各自遣送了一名太子做人质。

武帝征和元年（前92），楼兰国王身亡，向汉朝请求放回人质，以继承王位。但是作为人质的楼兰王子触犯了刑法，被施以宫刑，自然不能放回了。匈奴只好另立其他人为国王，汉朝命令匈奴再派遣新王的王子为人质。楼兰便又派遣了两名人质分别到汉朝和匈奴。不久之后新王去世，匈奴遣送人质回到了楼兰。这名王子名叫安归，继承王位成为楼兰国国王。

在楼兰，父亲死后，儿子要娶继母为妻。安归称王后，便将继母据为妻室。继母为妻，在很多时候可以帮助安归处理一些事务。此时，汉朝使臣来到了楼兰，要求安归入汉朝朝拜。安归不知如何是好。不去，担心汉朝不满；去的话，又担心自身安危。这时候其妻对他道："先王遣送王子为人质，至今不见归还，为何还要前往呢？"

安归觉得有道理，便拒绝了汉朝使臣，但是怕汉朝报复，便于匈奴交好，并断绝了和汉朝来往。按照匈奴的要求，帮助匈奴杀掉了汉朝使臣，这样一来，楼兰便彻底倒向了匈奴一方。

傅介子到了楼兰国后，声称楼兰无礼，将有大军前来讨伐，并对其严词诘责。安归畏惧汉朝，也自知理亏，忙向傅介子等人谢罪。傅介子见目的达到，便离开了楼兰，去往龟兹。

龟兹国王也和安归一样，向傅介子等人表示服罪。傅介子随即离开龟兹国，前往大宛。在大宛达到目的后，从大宛回到龟兹。龟兹人对傅介子等人道："匈奴使臣从乌孙归来，正在此地。"傅介子乘机率领所带的卫队，将匈奴使臣斩杀。随即还朝。

霍光得到奏报后非常高兴，傅介子因功被任命为中郎，升为平乐监。

傅介子将沿途见到的情景报告了霍光，并对霍光道："楼兰、龟兹等国反复无常却没有得到应该的惩罚，不足以惩戒他国。我路过龟兹时，龟兹王离我很近，我愿带人前去刺杀他，以警告诸国。"

霍光对这个计划非常满意道："龟兹国路远，暂且去楼兰，实验此法。"

傅介子领命，招募了百余名勇士，带着非常多的金银绵帛，名义上是赏赐各国。傅介子等人又来到了楼兰国，但是楼兰国王似乎不愿接触他们。傅介子带着随从将要离去，走到楼兰西部边境后对楼兰官员道："我等带着金银绵帛赏赐各国，如果大王不肯受赐，我等就去其他国家了。"说着向楼兰官员展示所带财物。

楼兰官员不敢怠慢，急忙将这个消息报告给了楼兰国王。楼兰王贪图财物，决定亲自接见汉朝使者。

楼兰国王安归设宴款待傅介子等人，等到酒足饭饱，众人都有了些许醉意。傅介子对安归道："天子有密诏，请王屏去左右，接受密诏。"

安归不疑有他，便命人都出去了。傅介子突然将手中杯子砸向地面，十余名勇士闻声冲进大帐，将安归杀死。

杀死安归之后，傅介子来到门外，对楼兰群臣道："安归有罪于汉朝，大汉天子派遣我来诛杀安归。如今安归已然伏法，汉朝大军，也已到来，如有异动，将一举灭国。安归弟尉屠耆留汉朝为人质，当为楼兰王，已由大军护送而来。"

众人闻言都不敢有异动，只好唯命是从。傅介子立即将消息传回了汉朝。霍光接到奏报后,立即转报昭帝,并将安归的首级悬挂在阙下,封傅介子为义阳侯。同时召见尉屠耆,赐予他红册金印,并送给他宫女为妻,派兵护送其回归楼兰。

从此以后,楼兰国不再背叛汉朝,傅介子完成了使命归国。

第四章
伊霍废立

霍光做到了传说中的上古贤臣伊尹做过的事,废掉了无道昏君。其间的传说很多,真假难辨。然而有一件事可以肯定,那就是霍光已然彻底掌握了国家的权柄。他无疑有功于汉室,没有他很难说汉王朝在几代昏君幼主的统治下还能支持多久。然而当他去世后,他一手建立起的霍氏家族也就此走到了尽头。

昭帝驾崩

汉昭帝在位 13 年,霍光不只拥有军政大权,甚至将权柄伸到了宫内。昭帝的身体一直不好,霍光希望自己的外孙女上官皇后获得宠幸,为汉昭帝生下独子。于是他命令宫女必须穿"穷绔",以前的裤子都是分左右两片,中间不连裆,"穷绔"就是连裆裤。这样是为了让昭帝不容易亲近宫女。

昭帝元凤四年（前77），18岁的昭帝提前举行了冠礼，宣告成人，大将军霍光率领群臣祝贺。举行冠礼就表示已经成年，但是昭帝仍然拒不亲政，要求霍光继续代行国政。就在昭帝举行完冠礼时，丞相田千秋去世了，由御史大夫王訢继任丞相，一年后也去世了，这样御史大夫杨敞便成为新的丞相。

昭帝元平元年（前74），21岁的汉昭帝因病去世。此时的上官皇后只有15岁，昭帝没有留下子嗣。此时，摆在霍光和众位大臣面前最迫切的问题是由谁继承皇位。

汉武帝的6个儿子中，如今只有广陵王刘胥尚在。大臣们纷纷表示按辈分和长幼之序，广陵王刘胥应该继承皇位。然而霍光并不满意，广陵王刘胥年轻的时候，汉武帝便认为他不适合继承皇位。如今长大后，行为更为荒唐，这样的人不适合继承皇位。

这时有个郎官上书，反对广陵王刘胥道："昔太王废太伯，立王秀；文王舍伯邑考，立武王，无非在所托得人，不必拘泥长幼。广陵王为人所不道，故孝武皇帝不使承统，如今怎能继承宗庙呢？"

霍光看到这名郎官的上书后大喜，将这封上书交给了丞相杨敞，并将上书的郎官升为九江太守。随后，以太后的名义，派遣大鸿胪寺少府史乐成、宗正刘德、光禄大夫丙吉、中郎上将利汉，迎接昌邑王刘贺来长安，继承皇位。

昌邑王刘贺是汉武帝之孙，武帝驾崩时没有皇后，但是曾和李夫人配飨。李夫人便是刘贺的祖母，霍光认为他可以作为正统继承皇位。况且昌邑王刘贺是昭帝侄子，以侄继承叔大业，正好可以作为继子。

然而，这位昌邑王刘贺却并非贤明之人，其荒唐之举比比皆是。他的脸色铁青，鹰钩鼻，小眼睛，虽然身材高大，但是腿上有毛病，走路不便。其居国10余年，狂纵无度，喜欢田猎。身边的臣子也多是阿谀奉承之徒，只会迎合刘贺，甚至带他进歧途。只有中尉王吉和郎中令龚遂时常批评规劝刘贺，但是用处也不大。

中尉王吉负责王国的军事和治安，他常常见到刘贺游玩，便对刘贺道："大王不喜欢读书，只喜欢游玩田猎，甚至玩耍起来连自己的生命都不顾惜。这样不但会损害自身，更不合仁义之道。大王若勤奋读书，讲习治国之法，这样必然美名传天下，天子也会更加看重大王。如今您经常办错事情，被天子知道，就有危险了。"

刘贺听了王吉的话，满脸惭愧道："卿所言极是，我定会改过自新。您忠心可嘉，赏赐牛肉500斤。"

然而只过了数日，刘贺便游玩如初，不再学习了。王吉虽然屡次劝谏，但效果甚微。

龚遂说话更直接一些，当面指责刘贺时，常常将其羞辱得面红耳赤。有一次龚遂数落刘贺的过错，刘贺听不下去了，就站起身来，捂着耳朵跑了，一边跑一边喊道："郎中令真会羞辱人。"

后来，龚遂又劝谏刘贺少亲近阿谀奉承的小人，多亲近贤明之人。于是选了10个有德之人，作为刘贺的侍从。但是没多久，这些人都被刘贺赶跑了。

刘贺做梦也不会想到皇位会落到自己的头上。霍光派遣的使臣到达昌邑的时候，正是半夜时分，刘贺正在睡觉。事关重大，刘贺被人从睡梦中叫醒了。使者团的名义是要求刘贺到长安主持昭帝的葬礼，意思就是请刘贺进长安继承皇位。刘贺接到霍光的书信，简直不敢相信，确定属实后，高兴得手舞足蹈。

时间紧急，第二天刘贺便和使臣们动身去往长安。王吉见刘贺喜形于色，忙跪下进谏道："大王去长安主持先帝葬礼，应该显出一副悲哀之状，切不可妄自行事。大将军霍光享誉满朝，一定要尊降他，政务都要请大将军处置，大王一定要留心。"

刘贺哪里还有心思听王吉的话，早就不耐烦了。到了中午便起程出发，路上马不停蹄，只希望早点到长安。只用了两三个时辰就到了定陶，赶了135里路，侍从的马匹接连累死在了路上。郎中令龚遂忙进谏刘贺，刘贺这才令郎官、谒者50多人返回昌邑。

这一路上并不消停，到了济阳，刘贺命人寻求鸣叫声很长的鸡，路上买合竹杖。到了弘农时，更加不像话，让身材高大的奴仆用装载衣物的车子装载抢来的女子。这件事很快就被别人知道了，到了湖县，使者就此事责备昌邑相安乐，安乐将这事告诉了龚遂。龚遂只好去问刘贺到底怎么回事，刘贺斩钉截铁道："断无此事。"龚遂闻言道："既然没有此事，为何舍不得一个奴婢，让他败坏名声呢？请将他交给法官处置，来洗刷大王。"说着就揪住了此人将之交给卫士长处置。

刘贺一行人到达灞上时，大鸿胪已经在郊外迎接了，主管车马的驸官奉上皇帝乘坐的车子。刘贺令他的仆从寿成驾车，郎中令龚遂同车参乘。走到了光明东都门，龚遂说："按礼制，奔丧望见国都就要哭。这已是长安的东郭门。"刘贺说："我咽喉痛，不能哭。"到了城门，龚遂又说此事，刘贺说："城门和郭门一样的。"将到未央宫的东门，龚遂说："昌邑国的吊丧帐篷在这个门外的大路北，不到吊丧帐篷的地方，有南北方向的人行道，离这里不到几步，大王应该下车，向着宫门面向西匍匐，哭至尽情哀伤为止。"刘贺这次同意了。

公元前74年，六月初一，刘贺按照礼仪完成了哭丧，并接受了皇帝印玺和绶带，成为大汉王朝新任皇帝，尊上官皇后为皇太后，并嗣汉昭帝，算是汉昭帝的嗣子。

可立便可废

刘贺继位是霍光一手安排的，但是刘贺登基称帝之后的表现则令霍光在内的众人大跌眼镜。刘贺不敢怠慢霍光，但也只是对他敬而远之。

尚在昭帝丧礼期间，刘贺便丝毫不顾礼节肆意淫乱。按照规定，昭帝丧礼期间不准玩乐。但刘贺不管这些，依旧命人将宫中所有乐器搬了出来，让每人手持一件，排列在宫内大道两旁，肆意弹奏，声响震天，热闹非凡。皇宫玩够了就驾着车子到上林苑中嬉戏游乐。本来还规定，丧礼期间一律吃素，刘贺不满素菜素饭，便召来太宫，命他按平日里皇帝的饮食规格弄来。太宫害怕违背礼法，不敢应承。刘贺便命自己人到宫外大肆购买山珍海味，带回宫中，大肆宴饮。

非但如此，刘贺还将原来与之玩乐和奉承他的人从昌邑召来，封赏他们高官厚禄。并且让这些人拿着旄节下命令给各官署征调并索取物资，短短20多天内，竟有1200次。

文学光禄大夫夏侯胜、侍中傅嘉等多次进谏，规劝过失，刘贺竟派人按簿册责问夏侯胜，又把傅嘉捆起来关进监狱。大臣张敞看不过刘贺荒淫无道，丧失帝王礼义，搅乱朝廷制度，多次上书规劝道："昭帝过世，并无子嗣，群臣心忧，一心想选一位贤明之主继承大业。车驾东迎之日，陛下唯恐行程太慢，颇为失礼。如今陛下正值壮年，刚刚继位，天下人无不侧目以视，急切想知道陛下何以治国。如今定策之臣尚未褒奖，陛下随臣却得升迁，未免令人心寒……"

霍光对刘贺的所作所为更是非常不满，见到这封上书后，对左右道："张敞所言有理，可迁为豫州刺史。"

大司农田延年曾在霍光幕府任职，深受霍光信任，于是召田延年前来商讨。霍光对田延年道："新君没有为君之象，肆意践踏礼法，此事该如何是好？"

田延年道："将军是国家的柱石，既然已知此人难以肩负重任，为什么不禀明太后，另选贤德为帝呢？"

霍光道："如今正想这么办，不知古时有这样的事情吗？"

田延年道："伊尹在商朝为相，废掉了商王太甲，国家才得以安定，后世都称赞其忠心。将军能做事，便是汉朝的伊尹了。"

霍光听从了田延年的话，心中有底，遂加封田延年为给事中，并派遣他去征求丞相杨敞的意见，自己则召来车骑将军张安世商量对策。

张安世是西汉著名酷吏张汤之子，武帝时为尚书令，汉昭帝时被封为右将军，因辅佐有功，被封为富平侯。他素来和霍光交好，对霍光言听计从，自然不会反对。杨敞虽为丞相，但是军政大权都在霍光手中，从来不违背霍光的意思。得知是霍光的授意后，便表示定当配合。

霍光获得了张安世、杨敞、田延年等人的配合，便召集丞相、御史、将军、中二千石、大夫、博士等大臣到未央宫中商议此事。众人只见霍光紧锁眉头，不知何事。只听霍光道："昌邑王行为混乱，恐将危害国家，该如何是好？"

大臣们听完霍光的话面面相觑，都愣住了，不知该如何是好。霍光没有称天子为陛下，而是将之称之为"昌邑王"，看来是已经有了废帝之心。众人都听出了这层意思，所以才惊慌失措。

此时，田延年站起身来，走向前去，手按长剑道："孝武皇帝将昭帝托付将军，亦将天下托付于将军，皆因将军是忠贤之人，能安刘氏天下。如今昌邑王行为不谨，如同煮沸之水般不安，这样下去，国家将危。况且汉室皇帝谥号都有个孝字，意味使子孙能永保天下，使祖宗能长享祭祀。如果汉室绝嗣，将军虽死，何颜见先帝？今日之论，不容犹豫，应从速解决。大臣中谁答应晚了，我就将其斩于剑下。"

霍光闻言，谢罪道："九卿责备我是应该的，天下骚动不安，霍光应受责难。"

于是参与会议的人都叩头道："天下人的命运都取决于将军，我等唯将军命是从。"

群臣统一意见后，霍光便和群臣谒见太后，尽述昌邑王无道之举。太后乘车来到了未央宫承明殿，下令不准昌邑王臣僚进宫。昌邑王朝见太后回去，想要乘车回到温室殿。昌邑王进去之后，守门的侍卫便把门关上了，刘贺的臣僚一个也没能进去。

刘贺见此问道："为什么这样？"

霍光跪着回答道："太后有令，不准昌邑群臣进宫。"

刘贺道："慢着点，不要这样吓人。"

霍光命人将昌邑群臣赶出宫去，安置在金马门外。车骑将军张安世早做好准备，带领着御林军骑兵逮捕了200余人，都交给了廷尉，关进了诏狱。霍光又命令昭帝原来的侍中、中常侍等看守刘贺，告诫他们道："小心看守，他若自杀，我就会有负天下人、杀主的罪名。"

这时刘贺还不知道自己将要被废，便对看守自己的人说道："我从前的臣僚犯了什么罪，被大将军全部逮捕起来了呢？"不久，太后命人召来刘贺，刘贺这才惊恐起来。

上官皇太后身穿缀着明珠的隆重的华服，端坐在武帐中，数百名侍卫都手持兵刃，陈列在殿下。群臣按照顺序，依次上殿。上官皇太后命刘贺伏在殿上听诏。

霍光和群臣联名上奏，尚书令宣读奏章。这封联名奏章，历数刘贺在称帝期间所犯下的罪行，并请求废掉刘贺的天子之位。

奏章宣读完之后，上官皇太后道："可。"

霍光令刘贺起身跪拜接诏，刘贺道："我听说天子有诤臣7人，虽无道不失天下。"

霍光闻言，斥责道："太后下诏，已经将你废掉，安敢自称天子！"说着便走到刘贺身前，伸手解下了他身上佩戴的皇帝玺绶，交给了太后。然后扶着刘贺下殿，走出金马门，群臣在后相送。

刘贺面向西方下拜道："愚憨之人，不能担当汉室大任。"说完便起身坐上皇帝的副车离开了。

霍光送刘贺到了府邸，辞别道："王所作所为，是自绝于天，臣等驽怯，不能杀身报得。臣宁愿辜负王，也不敢辜负江山社稷。"说完，霍光流着泪离开了。

这时群臣进言："古时被废掉天子位，都要被逐到远方，使其不能参与政务。请将昌邑王迁到房陵县去。"

上官皇太后下诏令刘贺回到昌邑，并赐给他封邑 2000 户。原来依附昌邑王刘贺的群臣未能尽到辅佐之责，使昌邑王获得恶名，霍光奏请上官皇太后将他们全部处死。这些人在行刑的时候还在高喊："当断不断，反受其乱。"

昌邑王刘贺登天子位 27 天，旋即被废，古之所无。然而谁继承皇位，则是摆在众人面前的大问题。

武帝曾皇孙

废掉昌邑王刘贺，霍光的势力达到了顶峰，由他主持召开会议，商讨新任皇帝的人选。

霍光坐在厅堂当中，将丞相及以下官员全部召集来，讨论该立何人为帝。新皇帝首先应该从汉武帝的子嗣中挑选，而且辈分不能过高，也不能太低。广陵王刘胥在上次讨论中已经将其排除，刘胥一脉自然不适合。燕王刘旦在造反中被杀，他的儿子是没有资格继承皇位的。到底应该立何人为帝，所有人心中都没有了主意。

这时，光禄大夫邴吉向霍光进言道："诸位大臣所论，都是诸侯宗室，忽略了没有爵位、尚在民间的皇室子孙。武帝临终前，已准许皇曾孙刘病已认祖归宗。此子乃是太子刘据之孙，年已十八，饱学多才，举止有度，名声在外，可以继承皇位。请大将军仔细思量。"

霍光等人被邴吉提醒，才想到汉武帝还有一个皇曾孙。由于识人不明，立昌邑王刘贺为天子，才有了27天废立的闹剧。这次群臣们自然接受了教训，对候选人的品德非常在意。于是派人调查此人。

刘病已是卫太子刘据的孙子，他的父亲刘进是卫太子刘据之子，刘进生母姓史，所以刘进也被称为史皇孙。史皇孙刘进娶了王夫人，生了个孩子就是皇曾孙刘病已。巫蛊之祸时，太子刘据被逼自杀，刘据全家受到株连，其三子一女皆死，史皇孙和王夫人也被杀。唯有尚在襁褓中的皇曾孙刘病已逃过一劫，被关在郡监狱中。

此时的邴吉被调任廷尉监，负责处理太子刘据一案。他知道太子无辜，加之怜悯这个几个月大的孩子，便选忠厚谨慎的两个女囚住在宽敞干净的牢房里，照顾这个孩子。

武帝病重之时，有术士对他说，长安的监狱中有天子之气。武帝便派遣使者，命令将长安监狱中人一律处死。武帝的使者晚上到了监狱中，邴吉见使者到来，将监狱的大门紧闭，对使者道："皇曾孙在此。普通人尚不能擅自被杀，何况陛下曾孙？"

等到天亮了，使者也没能进去，只好回复武帝。武帝听完其报告，也自知此举不妥，叹口气道："这是天意呀！"于是下令大赦天下，释放了所有犯人。

曾皇孙刘病已出狱之后，邴吉便四处寻找其亲人。刘据的岳母史老太还健在，刘病已便由她代为抚养。汉武帝驾崩之后，在遗诏中提及这个皇曾孙,命人将刘病已收养在掖庭,就这样刘病已又回到了长安,由掖庭令张贺照管。

张贺是右将军张安世的兄长,曾服侍过卫太子刘据。刘据非常赏识张贺,对其不薄,因此张贺为报答刘据的恩情,对照顾刘病已非常用心。不但将其送到私塾读书,还教给刘病已做人的道理。

张贺见刘病已聪明好学,非常喜爱,便想将自己的女儿许配给他为妻。然而对于这件事,张贺的弟弟张安世并不同意,他对兄长发怒道:"此子乃卫太子后裔,只要衣食无亏便是,我张氏女怎能嫁他!"

见弟弟如此反对,张贺也不执拗,便为其另寻佳偶。张贺觉得许广汉之女许平君不错,便托人说媒,许给刘病已为妻。许广汉是一名小吏,因触犯刑法,被施以宫刑,在当时便以为是奇耻大辱了。许广平得知自己的女儿被张贺相中,要嫁给卫太子之孙,自然满口答应。刘病已和许平君婚后的感情甚好,一年之后,许平君生下一子,取名刘奭。

刘病已不只高才好学,还喜欢游侠,斗鸡走马,游山玩水,市井之事,无所不知。他常常在长安诸陵、三辅之间游历,常常流连于莲勺县的盐池一带。尤其是喜欢到长安郊外的杜县、鄠县一带。刘病已在市井中的经历,令他对民间疾苦的感触非常深,对其执政不无益处。

霍光了解到刘病已的情况后,觉得他是最合适的人选,便和丞相杨敞等人商议。既然霍光已然做了决定,他们自然不会反对。

确定人选之后,霍光和丞相杨敞等大臣联名上书上官皇后:"《礼记》上道'人道亲亲故尊祖,尊祖故敬宗'。嫡系长房没有子嗣,应该选择支系孝子贤孙为嗣。孝武皇帝的曾孙刘病已,武帝命令掖庭令照看抚养，如今已经是十八岁。学习过《诗经》、《论语》、《孝经》，躬行节俭，仁德爱民，可以作为孝昭皇帝的子嗣，继承大统，侍奉宗庙社稷，抚育万民。臣冒死上奏。"

上官皇太后，读罢上书，道："可。"

曾皇孙刘病已住在长安城南的尚冠里，霍光派遣宗正刘德去迎接刘病已。刘德让曾皇孙梳洗沐浴，穿上御衣。太仆则驾着车迎接刘病已到宗正府。古代不能立庶民为皇帝，必须先有爵位。于是刘病已入未央宫见皇太后。上官皇太后将其封为阳武侯。不久，霍光奉上代表天子身份的皇帝玉玺和绶带。曾皇孙便于高庙拜祭先祖，正式称帝。

曾皇孙原名刘病已，后改名为刘询，登基这年正是公元前74年七月，时年18岁，这就是历史上的孝宣帝，第二年改年号为"本始"。上官皇太后，被尊为太皇太后。

宣帝本始元年（前73），宣帝下诏："夫褒有德，赏元功，古今通谊也。大司马大将军光宿卫忠正，宣德明恩，守节秉谊，以安宗庙。其以河北、东武阳益封光万七千户。"

霍光原来就享有3000户的封地，加上这1.7万户，霍光拥有了2万户的封地。前后被赏赐的金多达7000斤（此时所说的黄金实际上是铜），钱6000万，丝绸3万匹，奴婢170人，马2000匹，上等住宅一所。

权臣落幕

霍光权倾朝野，这势必对皇帝的权威造成威胁，甚至他的妻子霍显杀掉了宣帝皇后，霍光也能将此事大事化小，小事化无。

宣帝继位后，群臣开始商议立何人为后。霍光有个小女儿名叫霍成君，年纪和宣帝相仿，群臣都想立霍光的小女儿为后，上官太皇太后也有这样的意思。宣帝对自己的妻子许平君感情深厚，不忍立他人为后，但是又不敢得罪霍光。于是下达了诏令，称在民间时遗失了一柄故剑，自己对这把剑感情深厚，要求臣子访求故剑。意思是借助访求故剑为名，委婉地抗议立霍光之女为皇后的建议。群臣见宣帝执意不肯抛弃旧妻，也不好强求，便上书请立许平君为皇后。

霍光的小女儿霍成君没有被立为皇后，使霍光的妻子霍显怀恨在心。霍显原本是霍家的婢女，颇受霍光宠爱。霍光的原配夫人去世后，霍显便成了霍光的正室。霍显为霍光生了几个女儿，但是非常宠爱自己最小的女儿霍成君，一心想让她拥有显贵的身份。宣帝继位之后，霍显心想一定能立小女儿为后，没想到宣帝以寻"故剑"为名拒绝了此事，并立许平君为后。霍显的希望落空后，不肯罢休，为了使小女儿成为皇后，霍显决定找机会除掉许皇后。机会很快就来了。

汉宣帝登基两年之后，许皇后又有了身孕。许皇后生产之前，常常感到身体不适，汉宣帝非常着急，便召女医官淳于衍进宫服侍皇后。

淳于衍的丈夫是掖庭护卫，对淳于衍道："向霍夫人辞行的时候，要为我求取安池监的官职。"

有进宫的机会，淳于衍便想和霍显套近乎，特来向其辞行。淳于衍对霍显道："我丈夫素来行事有度，如今想担任安池监的职位，还希望您能帮忙。"

霍显知道淳于衍将要入宫服侍皇后，计上心头，对淳于衍道："你有事找我帮忙，我也有事找你帮忙，不知道行不行呢？"

淳于衍道："夫人您说，自当遵从。"

霍显道："妇人生产，十死一生。如今皇后将要生产，你趁机将其毒死。事成之后，我女儿便可以做皇后了。若能得到你的帮助，与你共享荣华富贵。"

淳于衍听后，大惊失色，不愿蹚这趟浑水，便道："药由众人配置，进服时还要找人品尝，恐怕难以成事。"

霍显道："这就要看你的了。如今霍将军管辖天下，谁敢多嘴？出事之后，自当庇护你，只怕你不去做。"

淳于衍思考了很长时间，才下定决心道："愿尽力而为。"

淳于衍同意之后，便将药捣成药粉，藏在衣服里，带进宫中去了。

许后生下了一个女孩，产后感到没有力气，太医开了一个药方，制成药丸服用。淳于衍偷偷将药粉掺入药丸中，一起让许后服下了。皇后服药后，药性发作，不久便死去了。

宣帝得知皇后去世的消息非常悲痛，这时有人奏报，说皇后并非病死，而是被人毒死的。宣帝随即下令追查此事，那些太医自然是首先被调查的对象。此时淳于衍已经偷偷出宫,将成事的消息告诉了霍显。她刚刚回到家中,便被军士们逮捕了。

霍显知道这件事之后非常惊慌,她不在乎淳于衍的死活,但是非常害怕淳于衍将自己供出来。左思右想不知如何是好的时候,只好将这事告诉了丈夫,希望丈夫能帮自己渡过这个难关。

听到这件事之后,霍光整个人都惊呆了。然而毕竟是自己的结发妻子,总不能置之不理,真让人将其逮捕杀死吧,到时候哪还有脸面身居朝堂?只好叹口气,想办法平复这件事。

回到宫里之后,有人将许皇后遇害一案的奏报呈上,霍光趁此机会批示不准追究淳于衍。谋害许皇后一事,便这样过去了。

许皇后一死,霍成君自然成为新任皇后。这事让霍显很满意,霍光很满意,群臣也很满意,但是一个人不满意,这个人就是汉宣帝。自己的妻子被人毒死了,竟没有一丝线索,背后之人是有多大权势呀。每当想到这里,汉宣帝总是一阵后怕。

早在昭帝的时候,霍光的儿子霍禹和其兄长的孙子霍云是中郎将,霍云的弟弟霍山是车都尉侍中,统领胡越之兵。霍光的两个女婿分别是东西宫的卫尉,他的其他亲属也都是朝中重臣。史书上评价霍光是:"党亲连体,根据于朝廷。"

宣帝继位之后,霍光上书,请求将政权交还给皇帝。宣帝知道自己没有足够强大的力量,坚辞不受,仍然要霍光代为执政。此后所有的政事都要先请示霍光,然后才会呈奏给宣帝。霍光每次朝见宣帝时,宣帝都会对霍光礼敬有加。

连皇帝都惧怕霍光三分,但他真的看不出许后之死与霍氏有关吗?

恐怕未必，只是不敢说罢了。天子如此，群臣自然是对霍光礼敬有加。按照当时的制度，丞相应该是臣子中的首位，但是霍光辅政期间，丞相实际成了"外朝"首领，需要向"内朝"首领霍光负责。原来丞相的权柄全部操于霍光之手，而外朝的丞相，只是一个形式罢了。

例如霍光辅政期间第一任丞相田千秋，素来忠厚谨慎，和霍光等一起接受遗诏，辅佐幼主。每逢公卿大臣朝会，霍光便对田千秋说："您和我一起接受遗诏，您处理外事，有什么要教导我的吗？"田千秋道："请将军多留心，就是天下极大的荣幸了。"始终不肯对霍光的专权提出意见。

田千秋年纪大了，走路都困难，因此进宫时特别恩准可以坐着小车，人们都称他为车丞相。田千秋的表现只是一个缩影，此后，霍光当政期间又先后任命了四位宰相，都对其礼敬有加。

再大的权势也有终结的时候，谁也不能逃脱死亡的命运。霍光主持朝政前后达20年之久，到了宣帝地节二年（前68）春天，霍光病情更重了。宣帝亲自到霍府去探望，此时霍光已经口中有痰，且时常喘息，已经到了弥留的边缘。宣帝见老臣如此，不禁潸然泪下。

霍光在最后一封上书中写道："我愿分出我的封国食邑3000户，用来封赏我的侄孙奉车都尉霍山为列侯，让他能够奉祭我的哥哥骠骑将军霍去病，希望您能恩准。"阅完，宣帝便命人转递给丞相和御史，命他们妥善处理。而且在当天便任命霍光的儿子霍禹为右将军。

霍光去世后，宣帝和太后都前去吊唁。宣帝赏赐了金钱、絮帛和绣被100条、衣服50箱，用于陪葬，还赏赐了金缕玉衣（金线缀连玉片做成的丧服）、棺、椁、黄心柏木的棺材垫各一具，枞木做的外藏用棺15具，以及其他陵墓随葬品，制式等同于天子。众大夫与御史5人，手持符节护丧。霍光的灵柩载在辕车上，用黄缎做车盖子，挑材官、轻车、北军的5营士兵前来送葬，队伍一直到茂陵。

为了褒赏霍光的功德，朝廷为其颁布谥号为宣成侯。还调来三河士兵为其修筑陵墓，在其墓上修建祠堂。在陵墓周围划出300户百姓，为霍光看守陵园，派遣高级官吏像生前一样来侍候霍光。

丧礼完毕之后，宣帝封霍山为乐平侯，以奉车都尉管理尚书事务。下诏褒奖霍光道：

"故大司马、大将军、博陆侯宿卫孝武皇帝三十有余年，辅孝昭皇帝十有余年，遭大难，躬秉谊，率三公、九卿、大夫定万世册，以安社稷，天下蒸庶咸以康宁。功德茂盛，朕甚嘉之。复其后世，畴其爵邑，世世无有所与，功如萧相国。"

为了表示对功臣们的怀念，公元前51年，汉宣帝决定在未央宫麒麟阁为11位有功大臣画像，以彰显其功绩。霍光自然身居其一，更获得了一项殊荣。每个人的画像下面都注明了此位功臣的官职、爵位、姓名。为了表示对霍光的尊敬，唯独他的画像下面没有写名字，只写了"大司马、大将军、博陆侯，姓霍氏"。

宣帝对霍光恩宠有加，不代表对霍氏子弟同样优待。霍光去世后，霍氏家族的势力仍然存在，但是没有了霍光这个主心骨，霍氏再想左右朝政，那是不可能的了。于是宣帝采纳御史大夫魏相的建议，废除"副封"制度，并下令加封魏相为给事中，让其加入内朝，以牵制霍氏集团。随即又以"老病"的名义免除了给事中韦贤的职位，这样就将内外朝都掌握在了手中。

与此同时，加封皇太子的外祖父许广汉为平恩侯，与其弟中郎将许舜共同监护太子，以免霍氏有非分之想。这样一来，就断绝了霍氏继续以外戚的身份操纵朝政的可能。霍光的夫人霍显听到这个消息后，气得吃不下饭，直吐血，愤恨道："这是民间时的儿子，怎么能立为太子？如果霍皇后有儿子了，反而要立为王吗？"不久之后，宣帝将霍氏掌握兵权者全部调离原有岗位，或者外放为太守，或者转任文职，并换上自己信任的人掌握军队。

自从霍光去世之后，霍氏族人闹得实在不像话。霍显私自把霍光的陵墓扩大，修建了3个出口，每个出口建立起阙门，在墓前筑起一条长长的巷道把祠堂和陵墓连接起来，并且幽禁了一些已经赎身的奴婢看守陵墓，这已经超出了人臣应该享受的礼制。她同时还扩建宅地，建造精美的车子，让婢女用彩色丝绳拉着在院子里游玩。她还经常和几个女儿随心所欲地出入宫中，侍从众多，极其奢华。

霍禹和霍山则整天与伙伴们围猎跑马，玩得兴起不想上朝时，便请奴仆去禀报一声。霍氏家奴也分外不像话。有一次，霍氏家奴和御史大夫魏相的家奴因为争抢道路起了冲突，霍氏家奴竟要去踏平魏家府门。后来御史出来叩头谢罪，霍氏家奴才离去。

他们时时以霍光立君之功自居，他们认为既然皇帝是霍光拥立的，那么霍氏子孙就要与之共享荣华富贵。像他们这样的人，怎么会有好结果呢？茂陵徐生说："夫奢则不逊，不逊必侮上。侮上者，逆道也。在人之右，众必害之。霍氏秉权日久，害之者多矣。天下害之，而又行以逆道不亡何待！"

霍光去世仅仅3年，宣帝渐渐收回了霍氏把持的权柄，而且霍显弑杀许后的罪行宣帝也已经知道了。霍氏无奈，铤而走险，准备谋反。但是还没成事，便被举报了。霍云、霍山及范明友自杀，霍禹被判腰斩，霍显及其女儿、兄弟等判弃市，在市场中心被杀，以让人唾弃。此时被株连的人已有数千，霍后也被废。

　　极盛一时，行废立之事，垄断朝政数十年的霍氏一族灭绝，无一幸免。

图书在版编目(CIP)数据

帝国的智囊团. 大汉名相 / 浩文著. —北京：中国华侨出版社, 2015.9 （2021.2重印）

ISBN 978-7-5113-5672-7

Ⅰ.①帝… Ⅱ.①浩… Ⅲ.①政治家-列传-中国-汉代 Ⅳ.①K827=2

中国版本图书馆 CIP 数据核字(2015)第224899号

帝国的智囊团. 大汉名相

著　　者 / 浩　文
责任编辑 / 棠　静
责任校对 / 王京燕
经　　销 / 新华书店
开　　本 / 670 毫米×960 毫米　1/16　印张/17　字数/314 千字
印　　刷 / 三河市嵩川印刷有限公司
版　　次 / 2016年2月第1版　2021年2月第2次印刷
书　　号 / ISBN 978-7-5113-5672-7
定　　价 / 48.00 元

中国华侨出版社　北京市朝阳区静安里 26 号通成达大厦 3 层　邮编：100028
法律顾问：陈鹰律师事务所
编辑部：(010)64443056　　64443979
发行部：(010)64443051　　传真：(010)64439708
网址：www.oveaschin.com
E-mail：oveaschin@sina.com